罗斯托
越南战争的幕后推手

杨冬燕 著

Walt Whitman Rostow

北京大学出版社
PEKING UNIVERSITY PRESS

图书在版编目(CIP)数据

罗斯托:越南战争的幕后推手/杨冬燕著. —北京:北京大学出版社,2014.2

(美国对外战略的设计者)

ISBN 978-7-301-23535-5

Ⅰ. ①罗… Ⅱ. ①杨… Ⅲ. ①冷战-国际关系史-研究-美国 Ⅳ. ①D871.29

中国版本图书馆 CIP 数据核字(2013)第 297734 号

书　　　名:罗斯托:越南战争的幕后推手
著作责任者:杨冬燕　著
责 任 编 辑:徐少燕(shaoyan_xu@163.com)
标 准 书 号:ISBN 978-7-301-23535-5/K·1001
出 版 发 行:北京大学出版社
地　　　址:北京市海淀区成府路 205 号　100871
网　　　址:http://www.pup.cn　新浪官方微博:@北京大学出版社
电 子 信 箱:ss@pup.pku.edu.cn
电　　　话:邮购部 62752015　　　　　发行部 62750672
　　　　　　编辑部 62765016/62753121　出版部 62754962
印　刷　者:三河市北燕印装有限公司
经　销　者:新华书店
　　　　　　890 毫米×1240 毫米　A5　7.625 印张　164 千字
　　　　　　2014 年 2 月第 1 版　2014 年 2 月第 1 次印刷
定　　　价:22.00 元

未经许可,不得以任何方式复制或抄袭本书之部分或全部内容。
版权所有,侵权必究
举报电话:010-62752024　电子信箱:fd@pup.pku.edu.cn

主编的话

人类历史归根结底是由人创造的。马克思说过:"历史不过是追求着自己目的的人的活动而已。"据此,历史乃无数人物之"传记"。史缘于事,事缘于人;无人则无事,无事则无史。以人物为中心的历史研究,原本也是我国史学的一个优良传统,伟大的太史公即是楷模。如果只议事、不论人,一个个生动鲜活的人物隐匿了,历史的星空势必黯然失色。历史记录本来就是人类自身的写照,人们怎能容忍"无人的历史"呢?

站在21世纪举目回望,可以看出一个明显的事实:20世纪世界历史发展的一个最重要的特点与结果,是美国全球性主导地位的确立和巩固。当冷战结束时,美国的地位非常突出,不仅成为绝无仅有的政治、军事与经济超级强国,美国意识形态或"生活方式"更成为国际社会的主导性话语。而美国这种独特地位,尽管其历史根源可以追溯到更早的时期,但总的来说主要是在20世纪尤其是冷战时期形成的。美国是最大的发达国家和最重要的守成大国,中国是最大的发展中国家和最重要的新兴大国。研究美国的强盛之道,包括"人的因素",尤其是美国外交与战略精英在其中所起的作用,对我们来说,意义不言而喻。

这就是我们决定编写这套丛书并以冷战时期为研究重点的一个主要原因。

美国外交领域值得研究的人物当然还有许多,我们的选择有主客观两方面的考虑:或因为相关档案材料较为丰富,或因为此人在某些方面的代表性,或主要因为作者的研究兴趣与专长,等等。但毫无疑问,这十位政治家都曾在20世纪美国外交的某个阶段、某个领域发挥过重要作用,当得起"美国对外战略的设计者"这个称号。

细心的读者不难看出,有时涉及同样的人和事,不同的作者看法并不完全一致。这是很自然的。达成共识诚然是值得追求的目标,但学术研究并不以意见统一为出发点,恰恰相反,各抒己见,百家争鸣,才有可能"殊途同归"。所以我们对于丛书的撰写只规定了几条基本原则,同时也是想要达成的目标:

其一,尽可能利用翔实、可靠的第一手资料,并注意反映国内外最新研究成果。与此同时,作为一种新的尝试,我们鼓励借鉴国际政治理论、决策理论、战略史与战略思想史等相关领域的研究视角和分析方法,并且在展示美国对外战略的决策过程、决策机制和实施过程的同时,注意揭示有关决策者的政治哲学、安全观念与战略思想及其所反映的美国政治文化与战略文化传统。

其二,丛书显然具有政治评传的性质,并非面面俱到的人物传记,而是着重揭示有关人物在战略与外交领域的主要思想和实际影响。鉴于人们过去较多关注总统等"前台"人物,对于政策背后那些思想型人物却注意不够,我们将研究重点更多地聚焦于政治、军事、外交、经济、文化等领域的一些有思想、有政策影响的谋士型、智囊型人物。这不仅有助于丰富美国外交的研究视角,还有助于使我们的认识从物质、技术的层面上升到思想的层面和战略的高度。

其三,在保证思想性与学术性的前提下,兼顾趣味性与可读性。但我们并不打算靠搜罗各种逸闻趣事或花边新闻来"吸引眼球",更无意通过渲染这些社会名流、政坛精英的个人奋斗史来提供类乎"励志文学"的教化功能。我们的关注点,乃是美国人的精神气质、思想遗产、政治智慧、历史经验或成败得失对于我们可能具有的启发意义。

最后,也是最重要的,我们将着重思考和展示一个迄今仍然具有重大现实意义的关键问题,即战后美国世界性主导地位或全球"霸权"的确立、巩固或维系,与冷战的形成、展开、转型和终结之间具有何种联系;以及战后各个历史时期,美国战略精英如何确定国家利益的轻重缓急与优先次序、判断内外威胁与挑战、评估自身能力并做出战略选择,以达到维护美国国家利益,确立、巩固或护持美国全球霸权的战略目的。

由于资料条件、研究水平等方面的限制,我们离上述目标可能还有相当距离,缺点和错误也在所难免。"嘤其鸣矣,求其友声。"对于我们的研究和写作初衷,读者诸君倘能有所会心,从而引发新的思考,那将是我们莫大的荣幸。

2013 年 12 月 8 日于南京

目　录

前　言 / 1

第一章　厚积薄发 / 1

　　耶鲁高材生 / 1

　　欧洲战场的磨砺 / 17

　　初显锋芒 / 23

第二章　反共斗士的形成 / 35

　　华丽的转型 / 36

　　"武器"的配备 / 52

第三章　将理论推入"市场" / 66

　　罗斯托与艾森豪威尔 / 67

　　罗斯托与肯尼迪 / 74

罗斯托与约翰逊 / 93

第四章　越战鹰派领头羊 / 95

　　"罗斯托主义"的出笼 / 95
　　泰勒-罗斯托使命 / 108

第五章　远离决策层的呐喊 / 121

　　罗斯托对外政策之哲学 / 121
　　"罗斯托论点" / 131

第六章　越战升级的幕后推手 / 143

　　对"罗斯托论点"的论证 / 144
　　"罗斯托论点"的实施 / 160

第七章　政治巅峰 / 173

　　一意孤行的主战派 / 173
　　权力的运用 / 185

第八章　回　归 / 207

参考文献 / 217

后　记 / 227

前　言

1967年4月27日,罗斯托和在越南指挥美军军援的威廉·威斯特摩兰将军一起向约翰逊总统呼吁,应该增派20万作战部队去南越并通过胡志明小道进入老挝。实际上,作为总统国家安全事务特别助理的罗斯托对美国军事战略有着一个更广泛的看法。他相信美国公众更希望看到总统"做出引起轰动的事,而不只是小打小闹"。所以,罗斯托向约翰逊表达了自己的观点:"侵袭北越南部以阻断北越对南越渗透的路线,并通过控制这一地区来迫使北越撤出老挝、柬埔寨以及南越。"[1]约翰逊的决策层就是否对越战升级产生了严重分歧:国防部长罗伯特·麦克纳马拉主张通过外交手段解决越南问题;国务卿迪安·腊斯克就美国接下来应该如何做表达了一些诸如构建桥梁、疏通渠道之类的具体看法,而罗斯托和

---

[1] Walt Rostow, *The Diffusion of Power: An Essay in Recent History*, New York: The Macmillan Company, 1972, p.513.

威斯特摩兰将军则坚持轰炸北越。面对这种局面，罗斯托提醒总统：当前"最关键的问题是，什么方案可以让我们在兼顾国家利益和军方作为的同时，保持我们大家庭的团结"。他给出的答案就是他力挺巳久的轰炸河内火力发电厂，然后美军"迅速撤回到海防地区，并对该地区进行为期若干个星期的进攻"，其间进行外交斡旋。显然，进攻海防地区并使用外交手段是为了换取腊斯克和麦克纳马拉对轰炸北越的支持。一旦外交失败，罗斯托则期待总统会重新考虑对"采矿港口和北越其他进口路线的进攻"，并继续对北越施加压力，以确保北越无力再"重建电力网"①。1967年5月9日，河内火力发电厂被炸。

作为美国总统背后的关键人物，他们要对问题进行分析，提供可行的选择，为他们自己倾向的战争而战，并提供总统声明或其他政策的最初草案。他们是一系列事件中的一部分。与他人不同的是，如果他们的方案一时没有被采纳，他们还有机会表达他们的看法并参与其中，而不仅仅是一个旁观者。他们所起到的作用不仅可以改变他们的人生，甚至足以改变整个国家的命运。

沃尔特·惠特曼·罗斯托就是这样的总统智囊。作为美国"出类拔萃之辈"，他把美国带入到了战后最大的国外灾难中。他是一位著名的经济史学家、发展经济学先驱，同时也是美国肯尼迪和约翰逊总统的外交顾问，坚定的反共分子，越南战争的主要设计师和狂热支持者，在20世纪60年代对美国在东南亚的外交政策，

---

① Walt Rostow to President Johnson, May 19, 1967, *Foreign Relations of the United States (FRUS), 1964—1968*, V. *Vietnam*, 1967, Washington D. C.: Government Printing Office, 2002, pp. 420—422.

尤其是对越战争起了极其重要的作用。

作为一名冷战知识分子,罗斯托的一生大致可分为三部分:在大学进行教学与学术研究;参与政府对外政策的制定;以及从事为他奠定了经济领域地位的经济增长论的研究。将抽象的思想变成具体的行动是罗斯托自始至终所追求的目标,也是他把学术生涯和政治生涯联系起来的纽带。

罗斯托毕业于耶鲁大学,曾在英国伦敦经济学院深造。先后执教于美国哥伦比亚大学、英国牛津大学、英国剑桥大学、美国麻省理工学院和得克萨斯大学,是著名的经济史和历史学教授,也是一位多产的作家。他的"经济增长阶段论"是对现代化理论的重要贡献。他论证了所有国家在历史发展过程中都要经历的五个阶段,即"传统社会阶段"(traditional society)、"起飞的准备阶段"(preconditions for take-off)、"起飞阶段"(take-off)、"走向成熟阶段"(the drive to maturity)和"大众高消费阶段"(age of high mass consumption)。在这五个阶段中,最重要的是"起飞阶段"。

罗斯托

罗斯托认为,斯大林去世前的苏联依靠"专制和意识形态"统治着它的国家和它的"帝国"。斯大林去世后,赫鲁晓夫把注意力转向了经济不发达地区,在那里展开强大的政治、经济和心理攻势。罗斯托担心苏联的这种做法会让这些地区觉得共产主义制度更具吸引力,因为这不仅可以改善他们的贫困生活,也可以摆脱殖民压迫。为了抵抗苏联这种新的进攻态势，罗斯托提出美国应该加强对第三世界的援助，以推动它们尽快进入物质文明更高的起飞阶段，从而把这些国家纳入到民主世界的轨道上。

在罗斯托看来，援助第三世界对美国有百利而无一害。美国已经是一个发达国家，处于世界历史进程的五个阶段的最高点——大众高消费阶段；它的科学技术处于世界领先地位；它的军事和经济力量无国能比；它的社会享受着自由资本主义带给它的自由。资本主义作为其经济体制运行得堪称完美。美国就是第三世界的楷模。只要美国给予第三世界帮助，哪怕是很少的帮助，都有可能让它们摆脱苏联的影响。罗斯托已经把他的发展理论同美国的对外政策联系起来。

尽管罗斯托的"经济增长阶段论"遭到了学术界的批评，但由于该理论涉及第三世界国家，所以很符合肯尼迪和约翰逊时期政策制定者们的胃口，罗斯托为美国的政策制定者们提供了一个极具吸引力的分析工具。因此，它作为冷战中政治战和心理战之外的另一种冷战方式，走出了象牙塔，影响了美国对外政策。不断增加的新独立国家陆续走上世界舞台，无疑给美国的对外关系增添了令人困惑的复杂情况。然而，罗斯托提供了一个能让这种混乱局面变得秩序井然的理论，并且这种理论通俗易懂，那就是在他的发展模式中，所有国家都是在同一条发展道路上的，只是所处的点不同而已。罗斯托相信，通过考察一个国家的增长率和投资率，就能知道这个国家处于发展的哪个阶段，从而运用这种非政治的方法，最有效地分配援助①，帮助它们达到经济的起飞。正如肯尼迪的助理、经济学家加尔布雷斯所说，"罗斯托理论之所以在20世纪50年代被接受，是因为如果不把贫穷国家从贫困中解救出来，共产主义就会占领这些国家"②。

为了把自己的理论打入市场，使之成为政府对外政策的指导思想，罗斯托在教学和学术研究之余积极地参政议政。

二战期间，罗斯托就参加了战时行政机构，在隶属于英国空军部的战略情报局（the Office of Strategic Services）工作，并为此获得了英帝国勋章。二战结束后，罗斯托进入国务院，成为德奥经济区主要负责人之一，之后又参与了复兴欧洲的"马歇尔计划"。

在艾森豪威尔执政时期，罗斯托开始涉足政坛，但主要是作为顾问对一些特定事件发表看法，如在斯大林去世时、1955年日内瓦会议前期、1958年黎巴嫩-约旦危机时等。在这一时期，罗斯托就已经和一些思想家齐名了，如亨利·基辛格（Henry Kissinger）、威廉·考夫曼（William Kaufman）、赫尔曼·卡恩（Herman Kahn）。他曾在1958年受邀去华盛顿同艾森豪威尔的演讲撰稿人杰克逊（C. D. Jackson）一道起草了重要的关于中东问题的总统咨文。20世纪50年代对苏联、中国、第三世界国家、对外经济援助等问题的涉足让罗斯托对当时的世界格局以及美国所面临的问题有了一个较深刻的认识。

---

① Eugene Staley, "International Law and Relations," *American Political Science Review*, Vol. 52, No. 3, September 1958, p. 891.
② John Kenneth Galbraith, *The Nature of Mass Poverty*, Cambridge: Harvard University Press, 1979, pp. 31—32.

罗斯托

虽然罗斯托在艾森豪威尔任期内只见过他一次，而且还不是在一个很重要的场合，但是在1961年肯尼迪上台后，罗斯托的地位发生了重大变化。由于肯尼迪对援助第三世界抱有同罗斯托一样的想法，所以从1958年起，罗斯托就在多种场合同肯尼迪合作过。他甚至还为肯尼迪竞选总统时的演讲贡献了三个非常有名的短语："让我们推动国家再向前迈进"（Let's get this country moving again）、"新边疆"（The New Frontier）和"发展的十年"（The Development Decade）。尤其是"新边疆"①更成为肯尼迪政府对内和对外政策的一个标签。罗斯托同肯尼迪的交往也渐渐超越了援印和美国发展援助计划。

肯尼迪当选总统后，罗斯托被任命为国家安全事务特别助理帮办，负责具体事务及一些特别任务，并要向总统直接汇报。这一职务使罗斯托可以在直接接触总统的过程中，有机会了解总统的想法，并对总统的外交政策施加影响。在1961年4月12日给肯尼迪的备忘录中，他曾针对东南亚共产党革命问题，强烈要求总统任命一个全职政策协调员、增加援助以及派遣特别军事顾问，以加强整个越南行动。后来证明，罗斯托的许多建议都被总统采纳了。

1961年12月，罗斯托进入国务院，成为国务院顾问和国务院政策设计室主任，负责所有外交事务。虽然远离了总统的决策层，但他始终没有放弃武力干涉越南。作为一名冷战斗士，罗斯托是

---

① 肯尼迪所谓的"新边疆"，不是地理概念，而是指新的领域和新的挑战。开拓"新边疆"就是要利用美国先进的科学技术和强大的经济实力去开拓新的领域，迎接新的挑战。希望在空间技术上赶上苏联，并且在其他科技和经济领域保持美国的领先地位。肯尼迪执政时期美国的登月计划、反经济衰退计划等都是肯尼迪这一思想的体现。

对中苏实行遏制政策的崇尚者。随着东南亚革命的不断兴起,信奉多米诺骨牌理论的罗斯托提出"稳定性军事行动外加经济发展法"。它是美国在南越使用的最具深远意义的政治、军事战略。罗斯托把冷战的强硬政策同西方化的经济现代化结合在一起,认为世界在共产主义和资本主义的斗争中停滞不前,双方斗争的结果将取决于发展中国家。越南就是这场斗争的关键。在罗斯托的积极倡导和推动下,罗斯托主义成为20世纪60年代美国对发展中国家的主要政策原则,也成为美国对越南采取干涉和军事行动的主要理论基础。

约翰逊当选总统后,罗斯托提出"罗斯托论点",强调美国应该通过轰炸支持叛乱的外部源头来对付叛乱,即轰炸北越来对付北越支持的南越叛乱。由于了解到总统喜欢顾问们在汇报工作时简明扼要,所以罗斯托一改说话啰唆的习惯,直切主题,最终获得约翰逊总统的赏识。1966年4月,罗斯托作为总统国家安全事务特别助理全面掌管总统的外交事宜,从而使他可以把自己有关第三世界经济发展的理论充分运用到越南。他坚信南越就是反共运动的基石。美国只有扩大战争,尤其是要轰炸北越,才能把南越从崩溃瓦解的边缘解救出来。5月,他坚持美国应对河内和海防的石油设施进行系统持续的轰炸,以掐断北越对南越共产党的供给渠道。

1967年11月1日,已经对战争持不断怀疑态度的美国国防部长麦克纳马拉要求通过重新审查美国地面部队并让南越承担更多义务的方法来稳定战争成果。年底,他又提出停止轰炸。1968年3月31日,约翰逊发表了那篇历史上著名的演讲,宣布停止轰炸北越,并退出下一届的总统选举,以全力解决越南问题。

罗斯托和美国越战总司令威廉·威斯特摩兰一道坚决反对无条件停止轰炸北越,并宣称美国就差一步即可赢得战争胜利。此时的罗斯托在鼓吹继续对越作战的道路上已几乎没有支持者,异常孤独。

多年后,罗斯托为自己的所作所为推卸责任,他曾这样否认自己对美国对外政策所产生的影响:"我不相信这些年的历史会有什么变化,即使我在这些年里继续做我的经济史教授,而不涉足华盛顿。我和马克斯·米利肯在20世纪50年代对发展中国家进行援助的研究只是众多此类研究的一个组成部分;……为肯尼迪工作只是在总统制定的政策上起了点儿平衡的作用……正如美国与在世界舞台上的长期地位相关的地区主义,我的根深蒂固的观点在1966—1969年对约翰逊本来就要朝这方面采取行动的行为可能起了点儿加强的作用。我觉得这些影响都是有限的。针对东南亚事务,我确实是支持了肯尼迪和约翰逊,虽然我对最佳的军事战略存有异议。我相信他们维护我们在东南亚的利益是正确的……我对他们是有帮助的,但是我决定不了他们的看法。"[1]但同时,罗斯托也承认:虽然"我的目的不是左右总统的观点,但是要确保他尽可能地获得最全面、最有用的信息"[2]。然而,罗斯托的信息如何获得?约翰逊时期任国防部长助理和空军副部长的汤森·胡普斯指出,罗斯托是一个充满想象力和笔锋犀利的理论家,但是"他的观点一旦确立,他就只会接受那些对他的观点有利的数据,而完全过

---

[1] Walt Rostow, *The Diffusion of Power*, p. xviii.
[2] Herbert Y. Schandler, *Lyndon Johnson and Vietnam*: *The Unmaking of a President*, New Jersey: Princeton University Press, 1977, p. 257.

滤掉相反的证据,不管这些证据多令人信服"①。

　　随着和平运动的高涨,罗斯托变得越来越孤立,越来越不受欢迎。在剑桥、麻省和华盛顿,支持越南战争的人几乎都成了被社会遗忘的人。毫无疑问,罗斯托的鹰派立场也使他在学术岗位上遭到了冷遇。随着尼克松大选获胜,罗斯托离开了白宫,重新回到大学干起老本行。然而,不管是曾授予他学士学位和博士学位的耶鲁大学,还是他在去白宫工作前曾在那里讲授了11年经济史和国际事务的麻省理工学院,都不愿提供给他一份工作。其他一些著名大学也拒绝了他。它们不是对于罗斯托对越战的政策感到震惊,就是担心他日后的一些观点和看法会给学校带来不好的影响。最终,罗斯托来到了位于奥斯汀的得克萨斯大学新建的林登·约翰逊公共事务学院任教。

　　直到晚年,罗斯托都没有对他在越战中的表现表示悔过:"我并没有受越南问题的困扰,从没有过。我不会花很多时间去对那段时间感到烦恼。"

　　然而,美国舆论对罗斯托参与政策制定的评价则凸显其批评性。在罗斯托从约翰逊总统那儿获得了一枚自由勋章的同时,他被麻省理工学院认为不适合在该校从事教学工作。②在被授予全国

---

① Townsend Hoopes, *The Limits of Intervention: An Inside Account of How the Johnson Policy of Escalation Was Reversed*, New York: David Mckay Company, Inc., 1969, pp.20—21.

② "No Room for the Hawk," *Time*, December 13, 1968, p.78.

最高市民荣誉奖的同时,他被人指责为"法西斯""好战分子"①。除了这些对他个人的批评外,罗斯托在其他许多方面也都受到了广泛的抨击,如:在亚洲遏制共产主义的问题上;在多米诺骨牌理论的正确性上;对越南进行军事行动的有效性上,尤其是对越南轰炸的有效性上;在国家安全政策的制定上;以及在总统顾问的职能权限上。

罗斯托在许多方面都是成功的。从一个有移民背景的犹太人后裔到美国顶级大学的经济史教授,从一个创建经济增长阶段论的著名现代化理论专家到影响美国政府对外政策制定的重要人物,罗斯托的一生体现了典型的"美国梦"。他在学术上的成就以及成功地把理论运用到实践中去的案例,不仅源于他的聪明才智,也源于他的自信和对目标孜孜不倦的追求,但是这个案例却给美国带来了严重后果……

---

① 默尔·米勒(Merle Miller)把罗斯托归纳为在越战中给约翰逊总统提出严重错误建议的人之一。见 Lyndon, *An Oral Biography*, New York: Ballentine, 1980, pp. 539—540。

第一章 厚积薄发

> 我不是要成为一名数理经济学家,而是要实现两个目标:(1)把经济理论运用到经济史中,并最终把它运用到组织机构中;(2)用与马克思理论不同的观点把相互作用的社会经济因素同文化、社会和政治因素联系起来。
>
> ——罗斯托①

耶鲁高材生

1880—1920年间,美国迎来了历史上规模最大的一次犹太移民潮。两百多万东欧犹太人为逃避俄国及其周边地区的反犹迫害浪潮大举涌入美国。在这些人中,有一位年仅18岁、名叫维克

---

① Walt Rostow, *Concept and Controversy: Sixty Years of Taking Ideas into Market*, Austin: University of Texas Press, 2003, p.15.

罗斯托

多·罗斯托(Victor Rostow)的年轻人,于1904年随众多犹太人来到了美国东海岸。他就是本书主人公沃尔特·罗斯托(Walt Rostow)的父亲。

维克多·罗斯托出生在俄国。他的青少年时期正值俄国国内社会动荡。沙皇的专制统治及对犹太人的迫害,加之全国各处正在酝酿着的革命风暴,使国内局势变得空前紧张。作为一名年轻的犹太人,生活对维克多·罗斯托来说,自然不会一帆风顺。由于父母对知识的重视,维克多·罗斯托从小就阅读了大量书籍,并逐渐形成了很强的社会意识。他反对沙皇的暴行,但对正在兴起的革命也持否定态度,认为列宁所创建的共产党只是一小部分人的革命,是不能代表大多数人民的利益的。也就是从这时起,维克多·罗斯托开始厌恶共产主义。沃尔特·罗斯托还记得他小时候曾问过他的父亲对一位拜访过他们的苏联人的看法时,他父亲说过的话:"在政治上,一个人所要追求的目标不完全是由他的言论所决定的,而是要看他使用什么方法。布尔什维克还不如沙皇。沙皇只把异己者一人遣送到西伯利亚,而共产党是把他的全家遣送去西伯利亚。他们不会干好事。"① 维克多·罗斯托对共产党的看法深深地影响着他的儿子,使沃尔特·罗斯托日后成为一名坚定的反共分子。

然而,正是维克多·罗斯托嘴里所说的比布尔什维克好的沙皇政府下令打压异己,使他不得不在刚成年的时候就选择离开俄国。

---

① Walt Rostow, *Concept and Controversy*, p.2.

维克多·罗斯托来到美国后,不仅拼命工作,而且努力学习英语,了解美国文化,尽量使自己融入美国社会。

几年后,他在美国结婚生子。妻子莉莲·赫尔曼(Lillian Hellman)是一位出生在美国的俄国犹太后裔。因为家庭条件不允许,她没能实现上大学的梦想,但她同维克多·罗斯托一样,是一位活跃的社会党人,始终保持着对知识和参与社会活动的热爱。从他们给三个孩子的取名上就可略知一二:大儿子尤金·维克多·罗斯托(Eugene Victor Rostow)的名字取自美国一位名叫尤金·维克多·德布斯(Eugene Victor Debs)的社会党总统候选人;小儿子拉尔夫·爱默生·罗斯托(Ralph Emerson Rostow)则是以一位先验论哲学家的名字命名的;本书的主人公则被父母赐予了美国著名诗人沃尔特·惠特曼的名字。在 2003 年罗斯托生前所出版的最后一本自传性的著作中,他就引用了诗人"回头看看已走过的路"①这句话来说明他写这本书的目的。

三兄弟(1923 年,前左为罗斯托)

涌入美国的东欧犹太移民,有一种源自文化的对教育和学问的尊重,为了让子女获得在美国立足和发展所必需的知识和技能,他们尽可能地将孩子送到公立学校就读。而犹太裔孩子从小受父母的熏陶和教诲,养成了勤奋好学的秉性,在学业上乃至以后的工

---

① Walt Rostow, *Concept and Controversy*, p. xi.

作上取得了引人瞩目的成绩。

罗斯托家就是这样。

良好的家庭氛围和家庭教育使罗斯托家的三兄弟在不同的领域里都走向了成功。哥哥尤金·维克多·罗斯托曾任约翰逊政府负责政治事务的副国务卿和耶鲁大学法学院院长。20世纪70年代中旬,他是民主党多数派联盟的活跃分子,参与组建并负责"当前危险委员会"①。1978年6月,他还作为美国当前危险委员会执委会主席访问过中国,受到了邓小平的接见。里根时期,他出任军备控制与裁军署(Arms Control and Disarmament Agency)署长一职,是里根政府中地位最高的民主党官员。

罗斯托一家(1931年)

三兄弟(20世纪90年代)

弟弟拉尔夫·爱默生·罗斯托在二战中曾经受过重伤。战争

---

① "当前危险委员会"(Committee on the Present Danger)是一个无党派美国外交政策利益集团,其目标是用教育和宣传的方式来坚定美国抵抗恐怖主义和意识形态威胁的决心,并游说华盛顿对已预见的威胁采取行动。该委员会先后在20世纪50年代、70年代和21世纪初影响过艾森豪威尔政府、卡特政府、里根政府和小布什政府,其中里根政府中就有33位官员来自该委员会,如中央情报局局长、国家安全顾问、国务卿甚至里根本人。

结束后,他既没有像两个哥哥那样表现出对政治的热衷,也没像他们那样从事学术研究,而是走上了一条经商的道路,成为一名成功的商人。

沃尔特·惠特曼·罗斯托则不仅是一名著名的经济史专家,更是在约翰逊政府中任总统国家安全事务特别助理一职,成为越南战争的设计师,达到了其政治生涯的顶峰。

沃尔特·惠特曼·罗斯托(Walt Whitman Rostow)于 1916 年 10 月 17 日生于纽约。他在家中排行老二,跟哥哥尤金只相差 3 岁,受哥哥的影响很大。他还记得上小学时,学校有一个同学管哥哥叫"肮脏的犹太人"。该同学为此遭到一顿暴打,而哥哥的额头也被划了一个口子。当哥哥以胜利者的姿态回到家时,爸爸既没有表扬他,也没有批评他,只是对他说:"如果有人叫你'肮脏的犹太人',那是他的问题,不是你的。你能自己照顾自己这很好,但更聪明的做法是不搭理他们。"哥哥的勇敢给沃尔特·罗斯托(下文简称罗斯托)留下了极深的印象。即使在暮年回忆起此事,他仍对哥哥当时的"侠士风度"记忆犹新。①

罗斯托不仅从哥哥那儿学会了打乒乓球,还时常被哥哥带着跟比他大的朋友一起打棒球、橄榄球。在罗斯托读高中的时候,已经在耶鲁大学读书的尤金就常常在周末带回一些朋友来。在这些朋友中,有若干年后先后在二战、马歇尔计划和冷战中起重要作用的理查德·比斯尔(Richard Bissell),有日后成为耶鲁大学拜内克

---

① Walt Rostow, *Concept and Controversy*, pp. 19—20.

罗斯托

古籍善本书图书馆（Beinecke Rare Book Library）馆长的弗里茨·里尔伯特（Fritz Liebert）等。他们让罗斯托受益匪浅。

罗斯托和哥哥尤金一样，小学只上了半年就从一年级直接升到了四年级。聪颖与勤奋使得他们年仅19岁就从耶鲁大学毕业了。虽然罗斯托谦逊地把这归功于父母的早期教育，而非自己的天赋，但他的才华是掩盖不了的。在他10岁读七年级的时候，就获得了霍普金斯文法学校奖学金。霍普金斯文法学校是一所著名的私立学校。去那儿读高中不仅可以使他的才智得到更好的发挥，更重要的是大大提高了进入常青藤大学读书的概率。罗斯托为有这样的机会感到兴奋，但他的父亲维克多却不这样认为。他告诉罗斯托去霍普金斯文法学校读高中不是个好主意。"虽然那是所好学校，而且那儿的人也很好，但他们都是富家子弟。我们不穷，但也不富有，可更重要的是，如果你去公立学校读书，你会遇到各种各样的人。我们社会中的各类人都会出现在那儿。这样你以后无论同谁打交道——穷人或者富人、教授的孩子或者商人的后代——都会感到很自在。"①维克多像大多数犹太移民一样，希望自己的孩子能在公立学校完成大学前的教育，认为这样才能使自己的后代接触到形形色色的人，从而更好地了解并融入美国社会。尽管当时罗斯托对父亲的决定有些失望，但他很快就发现父亲是对的。他在公立学校所接受的教育对他的性格及以后的职业都产生了深远影响，"我觉得我在希尔豪斯高中的经历让我以后视美国

---

① David Grossman Armstrong, *The True Believer: Walt Whitman Rostow and the Path to Vietnam* (Ph. D dissertation), University of Texas at Austin, 2000, p. 50.

人为'我们'而不是'他们'"①。

维克多替儿子作的这一决定既有勇气又有远见,而罗斯托在希尔豪斯公立高中的学习及生活也正如维克多所期望的那样:他结交了一群来自不同社会经济背景的朋友。罗斯托聪明、自信,但从不傲慢。他不是一个具有某些特权的孩子。他这种平易近人的美德在他日后赢得约翰逊总统的赏识并同他结下深厚友谊中发挥了重大作用。而他的社会责任感部分也来自于公立学校的教育。

10岁至15岁是罗斯托饱览群书的时期。托马斯·哈代(Thomas Hardy)、萨默赛特·毛姆(Somerset Maugham)、托马斯·曼(Thomas Mann)、马克·吐温以及詹姆斯·乔伊斯(James Joyce)的早期文学作品都是罗斯托的最爱。他从这些作品中了解到不同时代、不同社会、不同肤色的人类生活环境。随着年龄的增长,他更加关注不同民族、不同种族之间的共同点,而非差异。这也是一些人日后批评罗斯托的地方。这些人认为在后殖民时代,罗斯托对共产主义所持有的顽固态度使他没能客观地反映共产主义国家的人民生活。然而令人讽刺的是,由于早期所受到的父母的影响,他一生都坚持所谓利他主义原则,这尤其体现在他对第三世界援助的理念上,可一旦涉及共产主义国家,罗斯托的立场就发生变化。

除了对文学的热爱,罗斯托对当时纷乱的政治问题也有兴趣,同时对飞机也表现出极大热情。他阅读所有关于飞行的文章,甚至连两大有关飞机的杂志到达图书馆的准确时间都了如指掌。

---

① Walt Rostow, *Concept and Controversy*, p. 7.

罗斯托

1927年5月,美国飞行员查尔斯·林德伯格(Charles Lindbergh)驾驶其单引擎飞机"圣路易斯精神"号,从纽约市飞往巴黎,首次完成单人不着陆的跨大西洋飞行。这次飞行让罗斯托兴奋不已,以至多年后当罗斯托在白宫遇到林德伯格时,他仍能"感觉到一个小男孩对英雄的崇拜"①,尽管此时他对反犹太的林德伯格的看法已发生改变。

沃尔特·罗斯托15岁高中毕业后,也像哥哥尤金那样,获得四年奖学金进入耶鲁大学学习。幸运的是,在他之前已在耶鲁读书的尤金给他介绍了很多朋友,如理查德·比斯尔、弗里茨·里尔伯特和BBC电台著名记者阿里斯泰尔·库克(Alistair Cooke)。这些关系对罗斯托非常重要,因为它让罗斯托一进大学就拥有了自己的朋友圈,并且在很多方面得到学长的指点。

罗斯托还记得他在大一的时候,有一天在图书馆研究室查看舍维尔的《欧洲史》索引,看到了法国大革命中雅各宾派左翼领导人埃贝尔(Jacques Rene Hebert)的名字。因为英美史学家对他研究甚少,所以罗斯托决定写一篇有关他的论文。他从工作人员使用的后门溜进藏书处。在那儿他不仅找到了很多关于法国大革命的书籍,而且还发现了大量宣传册和杂志,甚至一套完整的埃贝尔日记档案。这让他兴奋不已。然而还没等他高兴多久,麻烦就来了——他被发现了。他违反了图书馆研究室的两项规定:本科生是没有资格进入藏书室的;即使是研究生,在研究室借书的数量最多也就是50本,而罗斯托借的书显然超过了这个数目。

---

① Walt Rostow, *Concept and Controversy*, pp. 6—7.

研究室负责人打电话向尤金告状。结果是尤金为弟弟争取到进入藏书室看书的权利,但必须要遵守每次只能借50本书的规定。

尽管耶鲁大学有众多资深教授,图书馆藏有大量罗斯托感兴趣的图书资料,但在耶鲁给他印象最深同时也影响到他以后学术生涯的是尤金的朋友理查德·比斯尔。

理查德·比斯尔1932年从耶鲁毕业后去英国伦敦经济学院深造,师从著名的政治学家哈罗德·拉斯基(Harold Laski)和著名的经济学家、自由市场经济之父弗里德里希·冯·哈耶克(Friedrich von Hayek)。之后返回耶鲁,以一名研究生的身份在耶鲁开设了一个以剑桥大学经济学家凯恩斯(John Maynard Keynes)的革命性理论为基础的非正式研讨课。

在尤金的鼓动下,大学二年级的罗斯托开始参加每周四晚举行的比斯尔的"黑市"性质的研讨课,并把它当做自己不可缺少的必修课直至毕业。常来参加研讨课的"四剑客"除了最年轻的罗斯托外,还有三位日后也在各自的领域里取得了辉煌的成就。他们是:马克斯·米利肯(Max Millikan,麻省理工学院经济史教授)、莱曼·斯平泽(Lyman Spitzer,哈勃望远镜主要设计人之一)和比尔·赫尔(Bill Hull,律师)。他们都同罗斯托结下了深厚的友谊,成为他的知己和拥护者。

"我的学术生涯就是从黑市性质的研讨课开始的,"[1]罗斯托如

---

[1] Walt Rostow, *Essays on a Half-Century: Ideas, Policies, and Action*, Boulder, Colo.: Westview Press, 1988, p. 2.

罗斯托

是说。接触、学习凯恩斯的理论对大二的罗斯托来说是再及时不过的了,因为此时正值美国经济大萧条时期,美国总统罗斯福为了克服危机实施了一系列政策措施。年轻的罗斯托一直对罗斯福的"新政"持有偏见,认为它草率、无效,而《全国工业复兴法》更是个"愚蠢的玩意儿"①。然而,凯恩斯理论让罗斯托明白了在高失业率的情况下,政府通过增加在公共建设工程上的投入来刺激需求、通过国家预算的不平衡来创造就业机会不仅是十分重要的,而且也是很有必要的。也就是说,罗斯托开始接受美国政府在确保国家福祉的过程中担当一个积极主动角色的理念。

由此,罗斯托的政治和经济意识形态发生了转变。一方面,他成为凯恩斯的追随者,立志要把经济理论运用到经济史而非体制领域中;另一方面,他开始对马克思理论持反对态度,认为马克思对社会发展方式的解释严重不足、太过单一。他要把社会经济因素同文化、社会和政治因素联合起来进行研究。于是,研究经济史和马克思就成为17岁的罗斯托为自己定下的目标。

罗斯托认为马克思提出了一个很有意思的问题,那就是:人们是否可以通过鉴别历史上的社会经济冲突来预测未来?马克思在《共产党宣言》中说:"到目前为止的一切社会的历史都是阶级斗争的历史。"②所有社会都将经历原始社会、奴隶社会、封建社会和资本主义社会这四个阶段,并将最终以共产主义的胜利、无产阶级的胜利和阶级剥削的消亡而告结束。马克思断言,随着无产阶级对

---

① David Grossman Armstrong, *The True Believer*, p.71.
② 马克思、恩格斯:《共产党宣言》,人民出版社1974年版,第23页。

生产资料的控制,资本主义社会内部固有的矛盾将为共产主义的实现铺平道路。这种结论对罗斯托来说是完全不能接受的。

罗斯托决心寻求对世界发展历程的另一种解释。在这种解释中,共产主义不再是历史的终点,而是在历史长河中出现的一个短暂偏差。罗斯托认为马克思主义抑制了个人自由,使智慧之泉枯竭,让社会贫困,并使精英们没有立足之地。他父亲从俄国出逃到美国的经历就说明了这一点。意识到这种个人智慧及内在动力正在被马克思消亡,罗斯托决意要让资本主义人性化,实现资本主义的自我拯救,并以此来证明马克思是错的。

在五十多年的学术生涯和出版的三十多部著作中,罗斯托始终坚持这两个目标:把现代经济理论运用到经济史中;把社会的经济因素同文化、社会和政治因素结合起来,确立一个马克思主义的替代物。他的著作《经济增长的阶段:非共产党宣言》(*The Stages of Economic Growth: A Non-Communist Manifesto*, 1960)、《世界经济:历史与展望》(*The World Economy: History and Prospect*, 1978)、《英国贸易的波动:1868—1896》(*British Trade Fluctuations, 1868—1896*, 1981)、《富国与穷国:过去的思考,未来的教训》(*Rich Countries and Poor Countries: Reflections from the Past, Lessons for the Future*, 1986)和《大卫·休谟以来的经济成长理论》(*Theories of Economic Growth Since David Hume*, 1990)都反映出了他的这种思想。

当然,要回答"是什么推动了历史的发展"这个问题对于上大学的罗斯托来说还为时尚早,但他在耶鲁期间所取得的学术成就以及立志要对马克思理论做一个回应的决心使他正在朝着经济史学家的方向迈进。

四年的耶鲁生活不仅让罗斯托有了明确的研究方向,也让罗斯托有大量的机会参与课外活动。罗斯托爱好广泛,喜欢打橄榄球、篮球、棒球和网球,热衷音乐创作,偶尔也会饮酒狂欢、做恶作剧。健全的人格和优异的学业让罗斯托在大四时赢得了竞争异常激烈的罗兹奖学金(Rhodes Scholarship),获得前往英国牛津贝列尔学院(Balliol College)学习两年的机会。这无疑让罗斯托的理想插上了翅膀。

20世纪30年代,英国牛津大学是全球公认的最好的两所大学之一,就像罗斯托在回忆录中写的那样,"在2002年很难想象20世纪30年代有一个家庭成员去英国大学读书意味着什么"[①]。牛津在大学教育中有着特殊的地位,尤其是在美国。所有有志向、有雄心的学者都想去那里深造或讲学,罗斯托也不例外。

1936年,罗斯托乘坐"拉科尼亚"号跨越大西洋。在为期十天的航行中,他结交了另一位罗兹奖学金获得者、来自普林斯顿大学的戈登·克莱格(Gordon Craig)。克莱格是一位有天赋的词作家,正在寻找适合的曲作家。两人一拍即合,合作创作了近三十首古典歌曲。这些歌曲至今还收藏在牛津贝列尔学院图书馆和林登·约翰逊图书馆里。克莱格日后成为研究现代德国的著名历史学家,在欧洲和美国享有盛誉。他同罗斯托的友谊也持续了一生。

这是罗斯托第一次来到国外。英国的"双层公交车、靠左侧行

---

① Walt Rostow, *Concept and Controversy*, p. 11.

驶的汽车、与众不同的火车和独特的元音发音"①都让罗斯托备感稀奇。但他很快就适应了新的环境,并迫不及待地开始了博士论文的写作。

他的导师汉弗莱·萨姆纳(Humphrey Sumner)是一位俄国史专家。他并不希望罗斯托立即开始他的论文写作,认为罗斯托应接受不同领域的导师的个别指导,以扩大知识面。他建议罗斯托前两个学期用来阅读经济理论和经济史的相关书籍和资料,第三个学期再开始写论文,这样论文才会有深度。罗斯托愉快地接受了导师的建议,并从中获益匪浅。他把以前研究19世纪末英国经济的衰退这一相对狭窄的课题转变为对英国工业革命可预知的潜力的研究。这一研究重心的转移使罗斯托在关注某一特定历史现象的同时,更能探索世界经济史进程中的规律。和马克思一样,罗斯托相信长久以来所有国家都经历过若干不同阶段,而这些不可避免的阶段是有规律可循的。英国工业革命就是现代史的关键事件,因为所有国家都必须经历类似运动才能发展壮大。

在牛津,除了研究以外,罗斯托依然不改对各项活动的热爱。打球、谱曲、喝酒、冒险、旅游他都做,甚至还当过 BBC 电台的播音员。

然而,让他的"生活从此充满魔力"②的则是一个名叫埃尔斯佩思·戴维斯(Elspeth Davies)的女生。1937年7月,位于纽约的学生国际联盟要在日内瓦举办一个国际问题研讨会。罗斯托在巴黎

---

① Walt Rostow, *Concept and Controversy*, p. 18.
② Ibid., p. 22.

罗斯托

等候来自欧洲各地、美国和加拿大的学者一同赴会时第一次遇到戴维斯并立刻被她吸引。戴维斯来自哥伦比亚大学巴纳德学院,是多项奖学金获得者。她虽然不是一个犹太人,但她对生活、社会和政治的见解和罗斯托惊人地相似。与罗斯托的父母一样,他们的结合近乎完美。在20世纪60年代末罗斯托离开白宫后,戴维斯就一直跟他在同一所大学教书,并共同创办了"奥斯汀工程",向处于社会最底层的儿童提供帮助。

1938年,随着战争脚步的临近,欧洲笼罩在一片紧张的气氛中。时任美国驻英国大使的约瑟夫·肯尼迪[①]受邀来到牛津演讲。约瑟夫·肯尼迪是英国首相张伯伦绥靖政策的坚决支持者。他在演讲中告诫英国,无论在什么情况下都不要和德国作战,除非受到德国的直接进攻,因为世界大战会摧毁资本主义,从而给共产主义留下可填补的真空。一位听众在提问阶段很礼貌地回应了约瑟夫·肯尼迪的观点,并把凯恩斯最新出版的著作《通论》给他传递过去以支撑自己的观点。约瑟夫·肯尼迪被激怒了,他公开指责这位学者和凯恩斯一样都是共产党。听到自己崇拜的经济学家被指责为共产党,罗斯托站起来为凯恩斯辩护:"凯恩斯不是共产党,他只不过是提出了一种可以降低英国失业率的政策。他在试图拯救资本主义。"震惊之余,这位美国大使一句话也没说就离开了报告厅。多年之后,罗斯托把此事告诉给约翰·肯尼迪,而约翰·肯尼迪则毫不惊讶地说:"听上去像是我父亲所为。"[②]

---

① 约瑟夫·肯尼迪是美国总统约翰·肯尼迪的父亲,1938—1940年间任美国驻英国大使。

② Walt Rostow, *Concept and Controversy*, p. 23.

第一章 厚积薄发

在贝列尔学院的第二年,在导师萨姆纳的督促和推荐下,罗斯托从他的副博士学位①论文中整理出三篇文章,其中两篇发表在《经济史评论》(*Economic History Review*)上,一篇发表在《经济学杂志》(*Economic Journal*)增刊《经济史》(*Economic History*)杂志上。罗斯托曾很生动地记录下萨姆纳就写文章同他进行的一段有趣对话:

萨姆纳(以下简称萨):我肯定你知道我们不久就要同德国人交战了。

罗斯托(以下简称罗):是的,先生。

萨:我肯定你也知道美国早晚会被拖入战争。你很年轻,要去参战,可能会战死。

罗:是的,先生。

萨:你也可能会活下来。

罗:有这种可能,先生。

萨:那样的话,在战争到来之前发表点文章就很重要了,因为这样的话,在战争结束时,你会在学术上有一些声望。

罗:有道理。

萨:我一直在看你的(申请副博士学位的)论文初稿。我完全相信你可以很快从中整理出一到两篇文章。

---

① 副博士(B. Litt)是剑桥和牛津的一个颇具特色的学位。根据专业,副博士的学习有的是一年(一年课程加论文),如经济专业,有的是两年(一年课程,一年论文)。副博士的学习时间是可以计算到博士学习的年限里的。

罗:我以前没想过,但这看上去是可行的。

萨:我已经把你的论文寄给了剑桥《经济史评论》的编辑,他回复说你最好在三个星期之内给他一篇文章。

罗:我相信可以。①

罗斯托的研究能力和自信可以从上述这段对话中窥见一斑。

令罗斯托没想到的是,正是这两篇在1938年的《经济史评论》上发表的文章使他从此开始了学术生涯,在战后(1946—1947年)成为牛津的一名美国史教授,虽然他在此前从来没教过类似课程。

1938年夏,罗斯托结束了在牛津两年成果颇丰的学习,带着明确的目标,回到耶鲁完成他的博士论文并担任助教。对已经高质量完成牛津副博士论文的他来说,写博士论文可谓轻而易举。1940年,耶鲁大学通过了罗斯托的题为《英国的贸易波动:1868—1896》的博士论文。罗斯托在论文中结合历史和经济理论,对19世纪末英国经济的表现进行了考察,指出:"不管是英国经济的增长还是波动,都离不开世界经济正常运行的动力,也离不开英国经济增长和世界其他国家经济增长的相互影响和相互作用。"②以对英国的研究为基础,罗斯托计划扩展他的研究项目。他要对推动全球自由资本主义向前发展的动力进行研究、鉴定。他的这一目标成为他日后在学术界取得杰出成就的动力源泉。

---

① Walt Rostow, *Concept and Controversy*, pp. 25—26.
② Walt Rostow, *British Trade Fluctuations, 1868—1896*, New York: Arno Press, 1981.

罗斯托在学术上的成果引起了哥伦比亚大学经济学家盖尔(A. D. Gayer)的注意。盖尔正在进行英国1790—1850年的研究。他把罗斯托揽入旗下,并给予他研究资金。为此,罗斯托搬至纽约,于1939—1940年间在盖尔所主持的有关英国的系列丛书中担任第一卷中具有相当分量的撰写工作。他的研究能力使他在1940年获得了哥伦比亚大学经济系的讲师工作,并继续从事盖尔的系列丛书中第二卷的写作。

罗斯托的教学生涯是从1940年在哥伦比亚大学的工作开始的。贯穿他一生的教学工作曾因他多次服务于政府部门而中断:1946—1947年,在牛津任美国史教授;1949—1950年,在剑桥任美国史教授;1951—1961年,在麻省理工学院任经济史教授。从1969年起,罗斯托在位于奥斯汀的得克萨斯大学任政治经济学教授和历史学教授。在那里,他成为一名多产的学者和终身教授,直到他2003年2月13日去世。

二战战局的发展终于把美国拖入了战争。像其他年轻人一样,罗斯托也毫不例外地被卷了进去。

欧洲战场的磨砺

罗斯托早年的学术生涯时常被一些公务打断。罗斯托在学术方面成绩卓著,他作为总统的顾问以及在对国际事务的影响力方面也同样著名。在学术之外,人人都知道他是约翰逊总统的国家安全顾问,而且大多数美国人都会毫无疑问地把他的名字同这种可见的高职务以及他在越南战争中的作为联系起来。其实早在二

罗斯托

战期间,罗斯托就参与了政府工作,而且这种经历对他日后的对越政策起了非常重要的作用。

1935—1939年间,美国对德、意、日在欧洲、亚洲和非洲的侵略政策执行的是以"中立"、"不干涉"为形式的姑息政策。但随着战局的发展,德、意、日法西斯侵略扩张的加剧,美国政府和人民开始改变其孤立主义和和平主义立场。1941年12月的珍珠港事件更是让美国直接参与到战争中来。

1941年,像其他年轻学者一样,热爱祖国的罗斯托响应国家召唤,辞去哥伦比亚大学的职务,来到位于华盛顿的美国战略情报局(Office of Strategic Services,OSS)①做情报协调员。美国战略情报局是一个经济学家云集的地方,其研究经济与军事问题的机构负责人是哈佛大学的经济学家爱德华·梅森(Edward S. Mason)。罗斯托作为梅森的助手在那里工作了一年。之后,他作为战略情报局的一员前往伦敦。这次与他六年前去英国的目的截然不同,和他所看到的情景也相去甚远。

1942年9月,罗斯托乘坐"雅致但功率低下且性能不稳定的美国西科斯基公司的飞机'飞船'号"飞离华盛顿。在当时,不论是乘飞机还是坐船跨越凶险的大西洋都是一件极危险的事。罗斯托的同事梅森就曾因飞机在起飞时断成两截而险些掉到大西洋里淹死。②

罗斯托一到伦敦就被分配到"敌方目标研究组"里。敌方目标

---

① 美国战略情报局是在二战中成立的美国情报部门,是中央情报局的前身,其任务是协调美国陆海空三军敌后间谍活动。

② Walt Rostow, *Concept and Controversy*, p.28.

研究组隶属美国战略情报局美国驻英国大使馆经济战争部门，是一个保密性极高的机构，只有包括美国大使和研究组负责人在内的几个人允许进入。它的创始人是休斯上校（Colonel Richard Hughes）。二战爆发后，休斯上校很快就发现只能完全依赖英国的情报来源，没有美方独立的人员帮助他对情报、信息进行评估、分析，以便他能据此制订作战计划。于是，在征得艾森豪威尔将军的同意后，休斯通过美国驻英国大使约翰·怀南特（John G. Winant）向美国国内提出派一些受过训练的人员来伦敦为他工作。各方面都有杰出表现的罗斯托无疑是最佳人选，他有幸成为首批派往英国参加敌方目标研究组的三个成员之一。实际上，罗斯托在战争中的大部分时间都是在这个位于伦敦的敌方目标研究组中度过的。

敌方目标研究组的主要任务就是研究什么设施是德国最易受到攻击且关键的军事目标。一旦袭击了这个军事目标，战争就能尽早结束。

作为一个研究机构，敌方目标研究组先后呈交了280多份报告。在这些报告中，研究人员对德国的一些特殊工业设施和工厂进行了分析，指出最易受攻击的目标，并说明这一目标遭到破坏后会对德国的工业设施或工厂造成多大影响、德国需要多长时间进行修复以及其对德国战争潜力的影响。这样的研究除了常规的方法外，还需要研究人员深入到英国的一些同德国相当的工厂中去作实地调查，并对伦敦提供的情报进行详细分析、利用。这对罗斯托和其他成员来说都是一种宝贵的经历，因为这让他们受到了另一种在学校中无法得到、在校外也不可多得的训练。

1942年12月,休斯上校开始放手让敌方目标研究组的人员在攻击敌人目标的选择上提出自己的观点。这样,这个由经济学家组成的小组在攻击敌人的目标选择上就形成了自己的理念。

　　首先,要确保平民伤亡最小化。他们认为空军和攻击敌人目标分队应在白天实施精确轰炸,这样可以把平民的伤亡减小到最低程度,因为要轰炸的工厂都在人烟稀少处。虽然欧洲的天气会迫使飞机使用雷达在云层上端进行轰炸,从而造成飞机有时会在平民居住区的上空徘徊,而且轰炸机偶尔也会在酣战中失去目标,但令该小组成员十分自豪的是,他们在寻求把战略轰炸这一固有的作战计划改变成一种战争工具,而不是任意屠杀平民。

　　其次,力争摧毁最少的目标,但能取得最大的效果。他们相信进攻敌人的石油设施、桥梁和军用物资堆积处是攻击敌人的最佳目标。当然,如何评估这种攻击所带来的潜在效果,也就是说这种攻击对德国自身的经济和军事体系的影响有多大、这种影响需要多长时间可以传递到德国前线、影响会持续多久,以及针对经济战而言,直接的军事进攻的后果将是什么,所有这些都需要敌方目标研究组的成员们进行严谨的研究、论证。此外,他们还要全面考虑进攻所带来的军事影响在多大程度上可以被德国缓冲掉,因为德国可以通过把民用产品或服务转移到军用上,或通过消耗现有的物资来抢修被损坏的设施等方法来缓冲对它所造成的军事影响。为此,这些经济学家们深入基层获取基本的原始资料、阅读大量相关报告并实地去考察、测量和记录有关目标的情况。

　　实际上,在应该攻击敌人的什么目标这个问题上一直存在争议。有主张点对点轰炸的,如轰炸敌人油厂、飞机制造厂、发电厂等;有主张对城市中心进行轰炸的;也有主张轰炸敌人最大的工厂的。简而言之,精确轰炸还是对城市狂轰滥炸、对炼油厂和桥梁轰炸还是对铁路轰炸成为争论的焦点。

尽管罗斯托等人主张轰炸敌人的石油设施和桥梁,但坚持攻击敌人运输基础设施的大有人在,其代表人物是艾森豪威尔的副帅、空中力量使用的主要负责人、英国空军元帅泰德(Sir Arthur Tedder)。泰德认为进攻敌人铁道枢纽的优点是它们目标大、容易搞定,且一旦成功,就可以使铁路运输瘫痪。他还傲慢地说,这"是基于我在地中海的经验,……它就像是一根线贯穿所有军事行动直至战争结束"①。最终,泰德的方案被艾森豪威尔所采纳。

然而,富有戏剧性的是:空军在罗马尼亚的普洛耶什蒂(Ploesti)实施轰炸铁路枢纽的任务时,作为次要目标的炼油厂被击中。随后,德国中部的石油目标包括德国最大的合成油厂遭到轰炸。油厂遭袭立即引起德国的恐慌,其反应远比铁路枢纽遭袭来得强烈。它使盟军的决策者们醒悟:"攻击炼油厂将直接导致德国的失败,而攻击铁路只会起到骚扰作用。"②终于,艾森豪威尔改变了他的态度,罗斯托等人的轰炸敌人石油设施的计划被提到了议事日程。美国第八航空军在盟军大反攻前即4月19日对德国合成油厂实施了两次攻击,5月12日又对德国莱比锡附近的罗伊纳③发起

---

① Arthur William Tedder, *With Prejudice*, London: Cassell, 1966, p.506.
② Walt Rostow, *Concept and Controversy*, p.46.
③ 罗伊纳是德国综合性化工业的中心。1927年,德国在罗伊纳建立了世界上第一个煤炭直接液化厂。二战期间,德国先后有11套煤炭直接液化装置建成投产。到1944年,德国煤炭直接液化工厂的油品生产能力已达到423万吨/年,为德国在战争中提供了2/3的航空燃料及50%的汽车和装甲车用油。

罗斯托

了进攻。

也是在这一时间段(5月7日),盟军又炸毁了位于佛农的塞纳河桥。至此,敌方目标研究组的专家们在3月提出的轰炸敌人石油设施和桥梁的主张终于在盟军大反攻之前得以实施。

但是,罗斯托却认为,做出这一决定用了太长时间。如果这一方案能更早执行的话,效果会更好。根据罗斯托的观点,拖延对德国石油设施的轰炸,"其代价不仅是更多的人员伤亡,而且也对西方战后外交造成不利影响。因为最终苏联和西方军队在胜利日那天所处的位置……使苏联在东欧建立一个苏联帝国成为可能"①。罗斯托确信,如果不是因为艾森豪威尔在轰炸敌人目标这个问题上决策的失误,就不会减缓盟军东进的速度,从而也就不会让苏联有足够的时间把自己的势力渗入到东欧,那么战后的欧洲及美苏冷战就会是另一番模样了。

对罗斯托来说,虽然二战的胜利最终是靠地面部队取得的,但空军的力量为赢得这场战争起了极其重要的作用。在战争中选择从空中对目标进行轰炸的策略可以起到事半功倍的作用,尤其是在现代战争中。罗斯托对此深信不疑。二战让罗斯托看到了空军在战争中的优势。这也是他为什么在越战中极力主张对北越的目标进行轰炸的原因,因为他确信这种方法不仅可以减少作战部队的损伤,而且可以大大加快战争结束的步伐。

到1945年春季,罗斯托认为欧洲已经没有值得盟军从空中进

---

① Walt Rostow, *Pre-Invasion Bombing Strategy: General Eisenhower's Decision of March 25, 1944*, Austin: University of Texas Press, 1981, p.82.

行战略进攻的目标了,他同时也谢绝了前往亚洲、用他在欧洲战场的经验帮助进行对日作战,因为那里的"一切尽在掌握之中"①。所以,在欧洲战场胜利日到来的时候,罗斯托回到了美国的家中。

由于罗斯托在二战中的出色表现,他被授予了英帝国勋章和美国优秀退伍军人勋章。当然,二战的经历带给罗斯托的远不止

1945年二战结束后,罗斯托被授予优秀退伍军人勋章

这些。作为一名年轻的学者,二战经历印证了他的能力以及他的判断力,从而让他更加自信。

初显锋芒

1945年罗斯托从欧洲归来后,由于对学术生活念念不忘,29岁的罗斯托接受了哈佛大学的邀请,成为这所著名大学一名最年轻的全职副教授,并信心满满地准备在1946年9月开始他的教学生涯。可是就在这时,对罗斯托在30年代末发表的有关英国经济的几篇文章印象深刻的牛津大学向罗斯托抛出了橄榄枝,请他作为访问教授,到牛津大学进行为期一年的美国史教学。哈佛大学乐得给罗斯托一年的假期,以便罗斯托能先在牛津大学的教学中洗去战争风尘,逐渐适应学术生活。然而让哈佛大学没想到的是,

---

① Walt Rostow, *Concept and Controversy*, p.59.

罗斯托

罗斯托这一走就再没有回来过。

　　罗斯托同时被美英两所著名大学看中并不奇怪。随着对德日战争的结束和与苏联冷战的开始，美国的政策制定者们开始意识到社会科学在解决复杂问题上具有的巨大潜力。奥古斯特·孔德（Auguste Comte）的那句名言"探知是为了预测，预测是为了控制"不仅成为美国政府的主旋律①，也让心理学、经济学、经济史、法律、社会学等学科受惠。战后美国的社会科学通过政府机构、私人基金会等方式快速发展起来。大学里的社会科学系也如雨后春笋般发展、壮大。在这种大背景下，要探索促进社会经济快速发展因素的罗斯托无疑会受到关注。而牛津大学邀请罗斯托也印证了萨姆纳在 1938 年所作的预言。罗斯托自己猜测，也许正是因为接受导师萨姆纳的建议，从论文中整理发表了有关 19 世纪英国经济的文章才会受到牛津大学的青睐。②

　　1946 年 9 月至 1947 年 6 月，罗斯托在牛津度过了非常快乐和满意的一段时光。1947 年 6 月，罗斯托和埃尔斯佩思结为伉俪。正当他们在巴黎欢度蜜月并踌躇满志地规划他们的未来的时候，欧洲经济委员会执行秘书、瑞典人贡纳·米达尔（Gunnar Myrdal）③

---

　　① David Milne, *America's Rasputin: Walt Rostow and the Vietnam War*, New York: Hill and Wang, 2008, p.35.
　　② Walt Rostow, *Concept and Controversy*, p.59.
　　③ 贡纳·米达尔（1898—1987），瑞典经济学家，他与冯·哈耶克一起深入研究了货币和经济波动，并深入分析了经济、社会和制度现象的互相依赖，其提出的经济理论因为切合第三世界国家的经济状况，在 1974 年获得了诺贝尔经济学奖。他还是英国科学院、美国艺术科学院、瑞典皇家科学院院士，经济计量学会会友、美国经济学会名誉会员。

找到了罗斯托。他希望罗斯托能帮助他一起把这个位于日内瓦的经济委员会建立起来,并告诉他这个委员会具有他在一年前起草的战后欧洲重建计划的某些特征。

罗斯托从欧洲回国后不久,曾接受过国务院的一次短暂任命,担任国务院德奥经济区主任助理一职。1946 年前后是美国对其战后欧洲外交政策进行定位的关键时期。其实,从 1945 年 2 月开始到 1947 年 3 月杜鲁门主义出台为止,美国国内就在为欧洲应该"分"还是应该"合"意见不一。早在 1945 年 2 月,乔治·凯南就提出了分裂欧洲的观点。他说:

> 我很清楚这场战争的现实以及没有俄国合作我们太弱小不能赢得战争这一事实。我知道俄国在战争中所作出的努力既权威又有效,所以在某种程度上它一定会在损害东欧和中欧人民利益的情况下寻求报偿。
>
> 但是即使这样,我也没有看出来我们为什么要把自己搅在这个政治计划中。这个政治计划对作为一个整体的大西洋共同体的利益是如此敌对,对我们需要看到的在欧洲应被保护的一切是如此危险。我们为什么不能同它(苏联)一起制定一个公平的、最后正式的折中方案——公开把欧洲按照势力范围分割——我们不卷入俄国的势力范围,俄国也从我们的势力范围中消失?①

凯南还建议"美国应接受已划分完毕的德国这一既成事实,并

---

① Walt Rostow, *Concept and Controversy*, p. 77.

罗斯托　应开始就西欧联盟的形成同英法进行磋商。这个西欧联盟应包括西德各省"①。

尤其是凯南 1946 年 2 月 22 日从莫斯科发回的那个著名的电报,使整个国务院内部都认为西方的政策就是遏制共产党的势力,而不是寻求包括整个欧洲在内的一致同意的解决办法。

此时在国务院德奥经济区工作的罗斯托也在为美国的战后欧洲政策出谋划策。他曾经自嘲地说,在二战中我们的工作是寻找轰炸的目标以便把这个地方摧毁,而现在的工作则是要重建这个地方。不过,是我们"把这个地方毁掉的,由我们重建也公平合理"②。为此,罗斯托在 1946 年 2 月撰写了《美国解决欧洲问题计划建议草案》。其目的是要阻止欧洲势力集团的形成,并为大国一致提供一个框架,以便在这个框架内,欧洲可以在以后的日子里实现和平复兴与统一。其主要观点是:如果没有欧洲的统一,德国的统一是不可能实现的,而欧洲的统一最好是通过经济上的技术合作而非直截了当的外交谈判。在这个方案中,一个核心的问题就是欧洲统一,即东西欧合并。罗斯托坚信,在一定的安全保障下,苏联同意东欧国家加入欧洲组织的可能性并不是没有。当然不可否认,苏联可能会把欧洲组织作为扩展其势力范围的工具,而西方国家也会试图通过这样的一个组织来扩展它们自己的势力范围。罗斯托承认,任何组织都不可能避免政治理念上的冲突和国家或地区利益的冲突,但欧洲组织有它的优势,那就是它为把东欧与西

---

① Walt Rostow, *Concept and Controversy*, p. 77.
② Walt Rostow, *The Division of Europe After World War II*, Austin: University of Texas Press, 1981, p. 52.

欧不可避免的冲突纳入统一的大框架内提供了可能性；同时也为从英吉利海峡到寇松线①之间的三亿多人民在有关自己的事务中获得更多的发言权提供了舞台，以及一个比目前大国安全目标更为独立的地位。罗斯托极力主张美国应发起组建这个欧洲组织，即使成功的机会很小也要尝试，因为这有助于美国在迫切需要处理的问题上获得最佳的结果。

让罗斯托从另一个角度去考虑欧洲统一的作用的一个重要人物就是他的哥哥尤金·罗斯托。尤金在二战期间作为国务院官员于1943年在北非工作，随后担任艾奇逊的助手，当时（1945年下半年）是耶鲁法学院的教授。他认为，欧洲的统一是阻止德国再次破坏均势的唯一方法。德国应该是统一的欧洲的一部分。欧洲的经济状况亟需德国快速复兴，但只有统一的欧洲才会有内在的自信和力量去接受和平衡一个复苏的德国。

此外，英国和欧陆的经济地位逐渐明朗。欧洲要想完全、快速地恢复，美国的援助而且是长期的援助必不可少，而这需要美国国会的支持。罗斯托认为，如果美国要给予欧洲大量援助，那么，作为一种事业，美国需要具有超前意识，要向前看而不能向后看。

苏联也是罗斯托要考虑的问题之一。有很多迹象已表明，苏联把战后的世界看做是一个机会的舞台，而这种机会的大小在很大程度上取决于斯大林对美国将准备怎么做的评估上。对罗斯托

---

① 英国外交大臣寇松（G. N. Curzon）向苏俄和波兰建议的停战分界线。在1919—1921年的波苏战争期间，协约国最高委员会在1919年12月8日的巴黎和会上决定重建波兰国家，以民族边界线作为波兰东部边界。1945年8月16日，波苏两国签订条约，规定两国边界以寇松线为基础划定。

罗斯托

来说,苏联的这一立场或是建立在美国逐渐从欧洲撤出的设想上,或是体现了苏联无视美国政策的既定目标。所以为了限制苏联的行动,美国需要一个更强有力的且目标明确的政策。①

罗斯托的"欧洲统一方案"并不像许多人认为的那样是反共的。他建议战后盟国在欧洲所建立的各种机构应该组合起来,成立一个捆绑在一起的经济共同体,就像1957年签署的《罗马条约》那样。② 这样做的好处是可以惠及东欧各国。他不相信欧洲分裂已成定局,觉得同东欧各国还有调和的余地,同斯大林也有合作的可能,如果杜鲁门的政策得当的话。

其实,在工作层面上有关统一欧洲还是分裂欧洲的分歧主要是在德奥经济事务部主任金德尔伯格(Charles Kindleberger)和罗斯托与国务院中欧事务部主任里德尔伯格(James Riddleberger)之间进行的。罗斯托在多年后仍能很清楚地记得他在里德尔伯格家中向他解释这一草案出台背景时的情景,并不无遗憾地说:"他的荷兰籍妻子对我的提案要远比她的丈夫积极得多。"③

罗斯托分析说,国务院欧洲事务的高级官员们之所以反对这一计划,是因为他们认识到苏联的意图是扩张,因此已经把东欧包括东德划给苏联了。他们设想的最好结果就是一个分裂的欧洲以

---

① "Draft of Proposed US Plan for a European Settlement: February 1946",全文可见 Rostow, *Concept and Controversy*, pp. 359—364。

② Walt Rostow, *The Division of Europe After World War II*, pp. 4—7, 54—57。1957年3月25日,法国、联邦德国、意大利、荷兰、比利时和卢森堡六国领导人在罗马签署了《欧洲经济共同体条约》和《欧洲原子能共同体条约》,统称为《罗马条约》。条约的签署标志着欧洲联盟的前身——欧洲经济共同体的诞生。

③ Walt Rostow, *Concept and Controversy*, p. 84.

及一个西方集团的出现。他们早就得出结论,同苏联的谈判不会有任何结果,而且还会让苏联的势力扩张到西方。他们担心通过谈判解决问题这样的天真想法会持续存在。总之,他们倾向于认为分裂欧洲就是对苏联的强硬政策,而努力避免分裂在某种意义上就是软弱。如果用罗斯托的另一种方式来表达的话,那就是这些高官们相信他们在1946年的主要任务就是要教育美国的领导们,让他们认清苏联意图的真正实质。

然而对罗斯托来说,他更关注的不是苏联的扩张,而是分裂后的欧洲所存在的问题。他认为分裂后的欧洲成本加大,因为东欧丧失了人类自由,这个损失是巨大的;在东西欧之间将存在永久的对抗与军备竞赛;一旦这一局势被巩固下来,联合国将会因这种对抗受到困扰和削弱,而这种对抗又是看不到尽头的。他相信这种结果不管是苏联人还是西方人都是不愿看到的。因此,他的"统一欧洲方案"既符合美国的利益,又符合全人类的利益。①

可是尽管如此,罗斯托的这一解决欧洲问题的方案最终还是没有被国务卿伯恩斯(Byrnes)所采纳,这让罗斯托倍感失望,虽然这一方案赢得了当时身为副国务卿的艾奇逊和负责经济事务的副国务卿、马歇尔计划的主要设计师克莱顿(William Clayton)的支持。伯恩斯甚至都没有把罗斯托的提案呈交给总统杜鲁门。罗斯托毫不客气地谴责伯恩斯"应对欧洲的分裂负有责任,因为他任由欧洲的分裂进行下去,而不采取任何连贯的、坚决的措施去制止、

---

① Walt Rostow, *Concept and Controversy*, pp. 84—85.

罗斯托

去改变"①。杜鲁门也对伯恩斯"姑息"苏联的态度十分恼火。他指责伯恩斯对苏不够强硬。伯恩斯的行为最终使他失去了国务卿的职位。

当然,罗斯托主张同苏联阵营对话的立场也不可避免地招来非议。有人指责他在对待苏联的问题上太柔弱、对欧洲及德国的统一前景太乐观。加尔布雷斯(John Kenneth Galbraith)②在他的回忆录中写道,虽然罗斯托是"国务院最具影响力的人物之一",但有些人觉得他"太过积极地想同苏联解决这些问题"③。罗斯托习惯从好的方面看待问题,在外交问题上也不例外。他低估了斯大林对西方的敌视。在苏联问题上,他并不优柔寡断,也不赞成绥靖。他只是在判断推理上表现得过于自信。他觉得在那个阶段跟敌人进行外交谈判是可行的。就像乔治·凯南所持有的观点一样,他相信遏制共产主义并不应排除同它的领导人进行交往。然而,他的这种在大国关系上的灵活态度也为他日后敲响了警钟。有人就曾把罗斯托的所谓对共产主义的软弱状告到了肯尼迪总统那里,而肯尼迪则对此不解:"他们为什么总是认为沃尔特心肠软?他可是我手下最坚定的冷战分子。"④

1946年9月罗斯托离开了国务院,前往英国任教。这时的欧

---

① Walt Rostow, *Concept and Controversy*, p. 74.
② 约翰·加尔布雷斯,哈佛经济学教授,曾任肯尼迪和约翰逊政府的经济顾问,其自由主义的经济学观点和著作对美国政府的经济政策影响深远。
③ John Kenneth Galbraith, *A Life in Our Times*, Boston: Houghton Mifflin, 1981, p. 241.
④ David Halberstam, *The Best and the Brightest*, twentieth-anniversary edition, New York: Ballantine Books, 1992, p. 161.

洲经济日益恶化,尤其是在 1946 年末到 1947 年初这段时间里。西欧的工业产量比 1938 年的水平还要低,农业虽然在缓慢发展,但还是远远低于 1938 年的水平。国际收支逆差严重,欧洲急需外援。欧洲的这一状况摆在了威廉·克莱顿面前,尤其是英国在这个世纪最冷的冬天即将用完它的煤炭贮存给克莱顿留下了极其深刻的印象。为此,克莱顿写下了那个最具影响力的备忘录,并于 1947 年 5 月 27 日呈交给国务卿马歇尔。这份备忘录无疑对统一华盛顿的观点起了重要作用。在这份备忘录中,克莱顿指出:"欧洲正从稳固走向恶化……城市中成千上万的人正在忍饥挨饿……如果没有美国进一步的大量援助,经济、社会和政治的分裂将会席卷欧洲。"①

在这种情况下,美国援助希腊和土耳其的"杜鲁门主义"出笼了。杜鲁门主义越过了美国公众不愿意越过的一条线,即从希望苏联同西方合作重建战后欧洲到公开的对峙,而且它也没能解决作为一个整体的欧洲经济的不稳定。

1947 年 1 月出任国务卿的马歇尔同他的前任伯恩斯不同。他认为西欧的经济、社会和政治动荡为苏联的渗透提供了机会,而这正是斯大林拖延解决德国问题的主要原因。正如罗斯托在 1946 年指出的那样,要想解决德国问题就必须要先解决欧洲问题。他很清楚,美国的政策在莫斯科看来是苏联政策的一个决定因素,所以他决定美国应该先采取行动,否则别人会抢先。1947 年 6 月 5

---

① Ellen Clayton Garwood, *Will Clayton: A Short Biography*, Austin: University of Texas Press, 1958, pp. 119—120.

罗斯托

日,马歇尔在哈佛大学毕业典礼会上发表演说,概述了美国援助欧洲计划的总方针。该计划对西欧和南欧的 17 个国家给予了大约 130 亿美元的援助,在一定程度上促进了西欧经济的恢复。欧洲最终被分裂为东西两部分。

杜鲁门主义和马歇尔计划为以后半个多世纪的欧洲政策和美国对欧洲政策奠定了基础。罗斯托所企盼的统一的欧洲没能实现,不过让罗斯托感到欣慰的是在他有生之年看到了德国的统一。

罗斯托希望在统一欧洲的基础上重建欧洲的提案得到了副国务卿艾奇逊和马歇尔计划的主要设计师威廉·克莱顿的支持,并最终导致欧洲、远东、拉丁美洲和非洲经济委员会的成立。1958 年 8 月,总统艾森豪威尔又把这一提案提交到联合国代表大会,以期能在中东建立一个经济委员会,但没被采纳。

1947—1949 年间,罗斯托作为联合国欧洲经济委员会执行秘书贡纳·米达尔的特别助理在日内瓦工作了两年。其间,冷战正如火如荼地进行着,委员会的年会也因而成了美化冷战的场所。尽管欧洲经济委员会由于欧洲的分裂在很多方面都是死气沉沉的,但对罗斯托来说,它不仅是 1947—1949 年间一个繁忙的场所,也是罗斯托经历中的一个重要组成部分。正是在这里的工作使得罗斯托得以穿梭于东欧和日内瓦,并同共产党官员和非党人士进行会谈。这一经历不仅对他的有关苏联和共产党观点的形成影响极大,而且还

作为贡纳·米达尔的特别助理,1949 年参加商贸会议(右为罗斯托)

决定了他一生对苏联和共产党的看法。他坚信"斯大林帝国"是不稳固的,也不会持续下去。在他政治生涯的鼎盛时期,即20世纪60年代,他对苏联和共产党的这种看法极大地影响了美国对外政策。

罗斯托从一开始就没有把在欧洲经济委员会的工作看成是一个长期工作,因为探索推动历史向自由资本主义发展的动力仍然是罗斯托忘不了的研究目标,所以在日内瓦工作了两年后,他便决定再次回到学术上。出人意料的是,罗斯托没有选择回美国,而是和妻子埃尔斯佩思一起受邀到英国剑桥大学教学一年。在剑桥,除了授课外,他就是致力于能取代马克思理论的历史发展模式的研究。埃尔斯佩思则开设了一门预计人数不超过20人的美国社会史课,结果她的讲座很快就吸引了超过100名学生。

罗斯托和埃尔斯佩思的结合可谓是完美至极。相同的研究领域使他们能够在事业上相互支持。他们总是充当对方著作或文章的第一读者和评论人。埃尔斯佩思更以其审稿校对技术见长。她曾为约翰逊总统的演讲审过稿,也为白宫撰稿人出过力。相同的志向与爱好让罗斯托十分享受婚姻带给他的乐趣,并让他在事业上如虎添翼。

罗斯托和埃尔斯佩思在愉快地度过了一年剑桥的教学生活和一个夏天的欧洲经济委员会的顾问生活后,他们的平静生活再次被打乱。这次,他们又双双接受了美国麻省理工学院的邀请,前往该校任教。埃尔斯佩思成为该校第一位女教授。

被认为旅游成癖的罗斯托做出这个出乎朋友意料的决定,是因为这个职位对他极具吸引力:在经济系不仅有他在耶鲁时的老

罗斯托 朋友金德尔伯格和米利肯,而且还可以从事自己的对口专业。他不想再放弃这个一举两得的机会,并就此结束自己漂泊的生活。罗斯托的这一决定不仅在日后提升了麻省理工学院经济系的声誉,而且也成就了他自己,因为在麻省的十年不仅让罗斯托达到了学术生涯的顶峰,更让他从一名学者转型为参与外交政策制定的人。

第二章 反共斗士的形成

> 对欠发达地区经济发展的研究以及对公共政策制定的参与，其努力是可喜的，因为这是20世纪50和60年代最值得去做的工作之一。西方国家的政府、大学和私人机构的众多专家、学者都参与进来，以期为发展中国家打下坚实的系统援助基础。……作为一名史学家和经济学家，对我来说把经济的发展看做是一个需要时间的进程是很自然的。
>
> ——罗斯托[1]

20世纪40年代末到50年代初对美国来说充满了挑战：1949年8月成立的北大西洋公约组织因为美国拥有世界上唯一的核武器而在军事上享有绝对的优势，但这种优势只维持了一个月就被

---

[1] Walt Rostow, *Concept and Controversy*, p. 188.

苏联打破。在远东，毛泽东领导的中国共产党打败了国民党，建立了亲苏的社会主义国家。这在美国国内引发了谁"丢掉"了中国的辩论。共和党指责杜鲁门应对此承担责任。1950年2月，共和党参议员麦卡锡发表演讲，煽起美国全国性反共运动。他大肆渲染共产党侵入政府和舆论界，并公开指责有205名共产党人混入美国国务院，许多著名人士遭到迫害和怀疑。6月朝鲜战争爆发。为了确保日本安全，保住一个繁荣、非共产党的南朝鲜对美国的亚洲政策乃至全球政策至关重要。因此，美国通过联合国组建了联合国军，派兵直接援助南朝鲜。中国对此发出警告，若美国军队越过"三八"线，中国就派兵入朝参战。10月，在美国军队跨过"三八"线进入北朝鲜后，中国出兵援助北朝鲜。朝鲜战争没能像麦克阿瑟预计的那样在圣诞节前就结束了，而是持续了近三年。正是在这样一种异常复杂的国内、国际形势下，罗斯托回到了美国。

华丽的转型

1950年，罗斯托回到麻省理工学院担任经济史教授。同年6月，朝鲜战争爆发。朝鲜战争改变了罗斯托对冷战的看法，也改变了他对苏联的看法。之前欧洲的冷战只局限在意识形态方面，故而罗斯托坚信美国是可以和苏联在欧洲问题上达成某种和解的。但现在，朝鲜半岛上的这场战争动摇了罗斯托对苏联的立场。他的两个超级大国通过外交方式和睦相处的愿望已不可能实现。朝鲜战争让罗斯托的反共情绪高涨，并让他从此相信同任何马列主义国家进行谈判都是不可能的。在一次麻省理工学院的公开演讲中,罗斯托呼吁美国增加军费开支,这样"可以快速进行总动员"①。在罗斯托看来,美国的安全已经开始受到共产主义的"威胁"了。

朝鲜战争爆发后,罗斯托和他的好友、经济史学家马克斯·米利肯②曾一道被邀请去华盛顿供职。但考虑到冷战的长期性,他们一方面婉拒了这一请求,另一方面决定另辟蹊径来帮助自己的国家和政府,那就是在麻省理工学院成立一个国际问题研究中心。

二战后,美国势力迅速扩张,并同苏联展开全面冷战。在同苏联相互对峙、相互遏制和相互钳制的过程中,美国发现它无论是在经验上还是在人员上都准备不足,尤其表现在社会科学领域以及在同苏联集团意识形态方面的斗争中。1950年,美国国务院针对苏联加强对"美国之音"俄语广播的干扰,组建了一支由二十余位麻省理工学院和哈佛大学教授参加的代号为"特洛伊计划"的项目研究组,进行抗干扰研究。虽然研究组的专家们最终没能成功地完成任务,但他们借机提出了自己的观点。他们认为,美国要想在

---

① David Grossman Armstrong, *The True Believer*, p.203.
② 马克斯·米利肯(1913—1969),美国经济史学家,美国中央情报局研究与报告办公室(CIA's Office of Research and Reports)第一任主任。他为中央情报局的苏联经济分析制定了方针。他认为国外经济情报可以服务于五种目标:(1)通过评估潜在敌人现在和将来可利用的经济资源来预测其现在与将来军事威胁的大小;(2)通过对潜在敌人如何投资他们的资源进行分析,可以预测可能的军事威胁的性质和区域;(3)深信潜在敌人如何在经济领域作为很有可能暴露他们的意图,所以可以帮助预测敌人的意图或目的;(4)通过削弱敌人的能力来帮助政策制定者决定做什么,以减少可能的军事威胁;(5)帮助建立和规划东西方相对的力量。米利肯所指的潜在的敌人在20世纪50年代初以及整个冷战时期,主要是指苏联和社会主义阵营中的其他国家。米利肯和罗斯托等曾同艾森豪威尔政府中的官员一起推动了美国对外援助政策。在肯尼迪时代,米利肯还写了一份颇有影响的政策备忘录。在备忘录中,他提倡成立人们后来称之为"和平队"(the Peace Corps)的组织。他曾在总统对外经济援助特遣部队中工作,还担任过麻省理工学院国际问题中心主任和世界和平基金会主席。

第二章 反共斗士的形成

罗斯托

"政治战"中获胜,就必须多关注社会和经济战略。据1952年的美国政府解密文件记载,当时美国全国受过社会科学专业训练的研究人员仅34000人。美国政府实施冷战战略急需区域、心理宣传等方面的社会科学专家。因此,冷战初期美国政府加大了对大学和学术机构的社会科学研究资金的投入。1958年美国国会更是通过了《国防教育法》,明确规定要对美国亟待了解的区域和国家的语言、历史、经济、社会和地理进行研究,并给予经费支持。

这一时期的美国社会科学家们受到美国举国冷战体制的影响。他们自愿用自己的专业知识为政府服务,帮助培训雇员和专家,并用系统的学术理论反击共产主义学说体系。身为大学教授的罗斯托和米利肯就认为美国重点大学都应该建立一个永久性的研究机构,研究一些目前国际关系中最迫切的问题,为美国赢得冷战献计献策。因此,在美国政府大量经费资助的影响下,美国社会科学家们同政府一拍即合。美国的社会科学也因此出现了大繁荣的景象。自由与保守主义在观念上的逐步统一;军事、情报机构与科学和思想界的结合以及"军事—工业—学术复合体"的出现,都加深了这一时期知识和权力的高度共生关系。

20世纪50年代和60年代有两个显著特征:一方面,第三世界国家纷纷掀起反帝、反殖、争取国家独立的斗争。这些国家通常都是贫穷的国家,几乎没有任何经济、社会和政治基础。另一方面,美苏冷战要求美国和苏联尽可能地扩大自己的势力范围,于是,广大的第三世界国家就成为美苏争夺的对象。怎样发展这些国家对美国来说不仅是一个重要的政治问题,也是一种智力挑战。在政府层面,政府愿意出资研究这一新形势;在学术界,研究发展理论开始变成一个学术领域,吸引了很多学者参与。

　　罗斯托和米利肯所创办的麻省理工学院国际问题研究中心就是在这种背景下成立的为美国冷战政策服务的研究机构。该研究中心得到了政府和私人基金会的资助。20世纪60年代中央情报局资助该中心也公开化①,一度引起了学术界的震惊。

　　罗斯托和米利肯创办国际问题研究中心的目的是要使研究中心的成员成为"社会学的倡导者"。他们要让研究人员利用自己的学识、学问帮助政策制定者们更好地了解国际事件,并对之进行有效的回应。他们都深信更好地了解新兴的发展中国家对美国对外政策至关重要。因此,他们把中心的研究目标定位为从三个方面对冷战进行全面分析:共产主义世界的动力、发展中国家的动力以及美国社会的演变。

　　研究中心的成员有社会学家、经济学家、人类学家、政治学家和历史学家。他们致力于研究共产主义社会和共产主义运动,正在进行工业化的国家的政治运动,以及发展中国家在发展过程中的经济、社会和文化等。他们甚至还到意大利、印度尼西亚和印度

---

　　① 根据麻省理工学院国际事务中心官方账目,该中心获得了福特基金会四年共85万美元的资助。但一些研究显示,这笔钱其实是中央情报局的。换句话说,该中心是在中央情报局的资助下成立的,虽然该中心和中央情报局都没有公开承认过它们之间的关系。中央情报局对中心的一些机密或非机密版本的研究出版予以资助,而中心也成了中央情报局向其他研究机构尤其是哈佛大学俄国研究中心的研究人员提供资助的一个渠道。再加上马克斯·米利肯在担任该中心主任之前是中央情报局局长助理,在担任主任期间仍是中央情报局的顾问,似乎就更增加了这种说法的真实性。但其实仔细研究福特基金会的档案会发现,在20世纪50年代,福特基金会曾资助中央情报局开展旨在对知识分子的宣传工程。基金会主席约翰·麦克罗伊(John McCloy)同中央情报局建立了经常性的联系,为的是代替中央情报局来管理福特基金会。

去作实地调查。他们发表了许多极具影响力的文章,并先后出版了一百多本著作。他们的研究不仅从一开始就同当时的美国国家安全战略公开或隐蔽的方面密切相关,而且还为麻省理工学院社会科学学科的发展作出了贡献——1965年麻省理工学院政治学系的成立就是一个很好的例子。

在20世纪50年代,中心所作的研究毫无例外地同当时发生的、被美国情报机构认为"很成问题"的事件密切相关,如印度尼西亚的"煽动者"、智利的学生激进分子、中东经济发展的社会影响等。研究中心也是国会和行政部门就美国对外援助和发展政策展开辩论的积极参加者。他们研究亚洲社会经济发展走向,评估东欧社会主义国家的发展前景,并通过各种方式力图使美国政府相信对外经济援助的重要性。罗斯托曾这样描述他们的做法:"由政治和学术人员进行重要的宣传活动:(包括)写书、发表文章、给编辑写信、演讲、开研讨会、参加国会会议等。"①他们曾同艾森豪威尔政府中的官员一起推动美国对外援助政策。

到了50年代后期,中心最关注的也是最重要的研究就是出现在第三世界国家中的"现代化"及其经济发展对美国意味着什么样的危险的问题。中心从事经济发展研究的都是经历过类似发展问题的高级研究员,如罗斯托作为经济史学家多年来致力于研究工业国的经济增长,参与战后欧洲重建工作,并对苏联和新中国政治和经济变化的关系极为关注。米利肯是测量国民收入和生产并研

---

① Walt Rostow, *Eisenhower, Kennedy, and Foreign Aid*, Austin: University of Texas Press, 1985, pp. 202—203.

究影响这些因素变化的经济学家。他参与过马歇尔计划,主持过针对苏联经济的研究项目。其他研究员要么在国际银行和美国国务院经济办公室供职,要么就是缅甸、印度尼西亚和利比亚这样的经济欠发达国家的政府顾问。他们共同努力,积极推动美国对第三世界的政策。

中心的研究者们把发展中国家的社会变化看做是美国的一个管理问题,并从美国政府的观点出发进行估量和发展,以便取得一个有利于美国的理想结果。在研究中心1961年出版的《新兴国家:其成长与美国政策》(The Emerging Nations: Their Growth and United States Policy)一书中,他们就所希望的美国政府能采纳的现代化政策做了详尽的解释。

中心最早的成果之一是罗斯托1952年同别人合作出版的《苏联社会的动力》(The Dynamics of Soviet Society)一书。受朝鲜战争的影响,1951年罗斯托就开始了有关苏联体制的研究,以期为美国找到赢得冷战的方法。尽管在此之前作为一名经济史学家,罗斯托从来没有涉足过苏联这一领域,但此时他已经在实现从经济史领域到国际关系领域的转变,并把目光投向美国周边安全方面。

在《苏联社会的动力》一书中,罗斯托等人从三个方面分析了苏联的情况,认为在苏联体制内所有的统治者都面临着如何在三个相互竞争的目标中分配他们精力的问题。这三个目标分别是:保持共产党对全国的统治;维持最低限度的公众支持,包括对消费品生产的分配;以及苏联势力的对外扩张。由此他们总结出苏联统治的一个规律性模式:当一个危机出现而威胁到其中一个目标

罗斯托

时,政府在另外两个目标上的压力就会得到缓解。他们列举了列宁和斯大林的例子。他们认为,列宁在 1921 年面对克伦斯塔反叛①时采取的方法就是巩固其对共产党的领导,并通过新经济政策缓解对人民的压力,同时避免发生外部冲突。而在斯大林时期,当 1941 年德国入侵、国家安全成为苏联面对的最重要的问题的时候,苏联民族主义便取代了共产主义信条成为苏联抵御外来侵略最有力的武器。在国际上,斯大林开始寻找盟友,第三国际也已有名无实。

基于苏联统治这种循环往复的模式,他们得出以下两个结论:第一,斯大林的去世将在苏联权力机构中引发危机,从而吸引其可能的接班人们大量的注意力。因此,斯大林去世的直接后果就是苏联极不可能进行国外冒险。第二,如果美国的目标是采取行动,最大限度地扩大苏联国内对美有益的变化,那么美国的这种行动就不应该是威胁性的,因为外部的压力会迫使苏联的领导团结一致,从而使自由主义化在苏联国内政策中出现的可能性一去不复返。②

至于苏联外交政策中是否会出现重大变化,罗斯托对此不很乐观。他认为在 1952 年冷战最重要的两个问题是德国和军控问

---

① 克伦斯塔反叛是 1921 年位于克伦斯塔海军基地的水手和士兵们发起的针对布尔什维克的一次不成功的反叛。当时俄国刚刚经历了内战(1918—1920),百废待兴,又逢 1920—1921 年国内大旱,而且反叛发生在俄国共产党十大前夕,对俄国造成了一定的影响,一些西方学者认为此时的列宁新经济政策就是针对国内这种不满情绪而出台的。

② Walt Rostow, in Collaboration With Alfred Levin and Others, *The Dynamics of Soviet Society*, New York: W. W. Norton, 1952, pp. 244—245, 251—252.

题。要解决这两个问题,首先东德要重新回归到民主统治之下。可是这样就会牵涉到苏联共产党国内统治的稳定性。因为"根据我们的判断,影响在冷战重要问题上达成外交协议的最终障碍并不是来自苏联的国家安全,而是来自于苏联政策的至高无上性,即苏联要保持这种政体对整个国家的统治。因此,冷战能否真正消除……是由苏联政治体制的性质变化而决定的"①。

对罗斯托来说,苏联政体的变化才是解决冷战问题的关键。这一点在20世纪80年代末随着苏联的解体和冷战的结束已经得到证实。在《苏联社会的动力》一书中,罗斯托还为美国在斯大林去世前夕应采取什么政策提出了自己的建议。那就是:美国应该鼓励苏联朝着更自由、更民主的方向发展,而不是期待冷战快速、永久地解决。

由于罗斯托在书中花了大量精力去研究斯大林的去世可能给苏联国内及其对外政策带来的影响,所以此书于1952年8月在美国政府中流传,更在随后的艾森豪威尔政府内广为流传。正是对苏联的研究使罗斯托有机会参与到随即到来的新政府的政策制定中。

在艾森豪威尔组阁六个星期后,即1953年3月4日,一个令美国振奋的消息传来:斯大林病危。于是美国国内又开始了关于美国将采取什么行动的辩论,而这场辩论的主题是美国要不要发起倡议取消欧洲分裂,并积极建议在适当的政治、经济和安全框架内实现德国的民主统一。

---

① Walt Rostow, *The Dynamics of Soviet Society*, p. 252.

罗斯托　　罗斯托和麻省理工学院国际问题研究中心的其他专家也积极参与其中。他们依据《苏联社会的动力》一书的观点，向华盛顿提出了如下建议，并在3月4日即斯大林病情被公开的当天，把建议递交给华盛顿：

> 考虑到苏联和社会主义阵营里剧烈但却是暂时的情绪创伤，我们确信政府应该考虑在本星期内进行一次总统倡议，如果可能的话，是在国会支持的情况下进行的倡议。这个倡议将采取如下方法：
>
> 1. 他（总统）应该阐明斯大林的去世标志着一个时代的结束。他的去世为苏联人民敞开了通往其他选择之路，尤其是它为苏联人民提供了同世界其他国家重新建立关系的这一难得的机会。
>
> 2. 为了一个和平、有序的世界，总统应该唤起美苏两国间战时的共同努力和目标。
>
> 3. 他应该强调并用具体的条款说明美国的利益和目标同俄罗斯民族和人民的合法利益和目标并不是不相容的。
>
> 4. 为了同我们的盟国进行协调，他应该在近期召开一次会议，旨在重新审查就有关军备控制、德国、奥地利和其他有争议的实质性问题达成协议的可能性。我们相信这样做有四点原因：
>
> （1）美国一定不能让这次影响苏联前景的短暂时间悄然流逝而不去展示我们的真正意图和目的；
>
> （2）这个倡议将会使自由世界在我们今后同苏联的

关系上团结一致；

（3）这个倡议将有助于抵消由于苏联的大肆宣传而出现的对美国侵略的恐惧，这种恐惧毫无疑问在斯大林退出舞台后将进一步加剧，所以这个倡议对那些即将掌权又准备在对内和对外政策上采取同斯大林不同政策的人将是一种鼓励；

（4）这个倡议将立即使苏联政府面临一项重大决策，并有助于揭示其内在法规和矛盾。①

不难看出，这份建议的核心就是要让美国总统抓住时机，采取先发制人的战术，从而在解决欧洲问题和德国问题上处于主动地位。

在罗斯托和他的研究中心积极为华盛顿出谋划策的同时，国家安全委员会也在采取行动。它指示中央情报局对斯大林去世的影响做一个评估，并让国务院以及白宫的杰克逊负责对美国适宜的行动方针提出建议。杰克逊是艾森豪威尔心理战的特别助理，但实际上他和他的继任者洛克菲勒（Nelson Rockefeller）在总统外交政策中起着很重要的作用。

杰克逊建议的中心思想是要总统在斯大林葬礼后宣读一个《告苏联政府和人民书》。他的看法与罗斯托不谋而合，于是，罗斯托顺理成章地被杰克逊请来起草对总统的建议。

罗斯托以他和研究中心写的递交给华盛顿的那份建议为框

---

① Walt Rostow, *Concept and Controversy*, pp. 115—116.

罗斯托 架,在3月5日为杰克逊起草了其建议的理论部分以及可能要采取的行动草案。在这份草案中,建议举行美、英、法、苏四国高级别谈判是最重要的内容。

罗斯托和杰克逊都认为美国应该用结束在中欧和其他地方对抗的建议来稳住苏联的新领导,不管对方接受这种建议的可能性有多小。他们相信此刻美国温和的立场有助于加大苏联社会发生自由化变化的机会;而且为了取得最大的效果,美国应该采取先发制人的方法迅速提出这一倡议。

罗斯托起草的这份建议首先遭到了国务院的反对。为了获得更多人的支持,在罗斯托的建议下,杰克逊搬来了乔治·凯南这个救兵。

乔治·凯南是美国著名的外交家、苏联问题专家。他在1946年2月任美国驻苏联代办时发了一封长达八千字的电报给国务院。在电报中,他首先分析了苏联对外政策的前提和根源。他认为,苏联对外政策的前提是它的国际政治观,即苏联领导人相信苏联社会主义与西方资本主义之间的冲突是不可避免的。这种世界观源于苏联传统的和本能的不安全感,而不安全感使得苏联的对外政策具有扩张性。目前,苏联的扩张是在马克思主义及其口号的伪装之下进行的。凯南指出,苏联对外扩张的根本目的是削弱西方主要国家的实力和影响,增加苏联的力量及其势力范围,最终推翻资本主义制度,以共产主义统治全球。鉴于苏联对外政策的性质及其目的,凯南认为美国和苏联之间不可能达成永久的妥协,因此建议美国政府采取一种实力对抗政策。这封电报为美国对苏联采取强硬的政策提供了理论依据。

1946年凯南奉调回到华盛顿，1947年5月出任新组建的国务院政策设计室主任，进入美国外交决策核心，参与制订了马歇尔计划、复兴日本的计划等政策。1947年，凯南在美国《外交季刊》上发表了署名为"X"的文章《苏联行为的根源》，进一步阐述了八千字电报的内容。凯南认为，苏联受到一种狂热思想的支配，"在世界强国的地盘上……到处钻"，只有遇到某种无法对付的力量才会停下来。因此，美国必须用"消除非共产主义世界中所存在的大片软弱和脆弱的地区的方法，来遏制苏联"，这种遏制应是长期的、有耐心而又坚定的。为此，美国必须把苏联看成是政治上的"敌人"而不是"伙伴"。这样，凯南就为杜鲁门政府提供了一整套的所谓"遏制"苏联的战略。

然而，当"遏制苏联"通过1947年杜鲁门主义和1950年美国国家安全委员会68号文件成为美国基本国策之后，凯南开始抨击遏制政策，并提出了对苏缓和的思想。他在自己撰写的《回忆录：1925—1950》一书中对这种观点进行了阐述。他写道：

> 我的对手从防御的角度思考，希望能看见美国军事力量严密地部署在苏联势力范围周围……我则要把门敞开，允许一些最终形成的、在军事上不卷入的广大地区（统一的非军事化的德国、统一的欧洲、非军事化的日本）位于这两个世界之间。我随时都想看到我们撤军，当然（前提是）苏联也撤军，而且在要敞开的地区出现我们盼望的摆脱苏联控制的政治力量……
>
> 第二个（目标）是要使我们尽快地从战争强加给我们的在西欧所承担的不正常的政治军事义务中解脱出来。

罗斯托

> 我不相信广泛依赖美国卷入的欧洲现状能持续永远。我认为这样的两极世界也就会存在几年,当然不可能持久……重要的是我们今后的计划应该这样制订,那就是在时机成熟的时候允许"一些事"发生,而不是阻止它们发生。①

罗斯托和杰克逊在某些问题上与凯南的观点相同。他们都认为西欧现存的状况不会持久,如果苏联同意德国通过自由民主选举而统一的话,有关欧洲安全的安排就将发生急剧变化。他们都觉得为了这一天的到来,美国提出一些可值得信赖的建议对非共产主义国家的团结至为重要,即使这些建议被立即接受的可能性很小。他们一致认为,欧洲的分裂不仅危险,而且从历史上讲也违背人道。欧洲的分裂不能用同苏联进行战争的方式去解决。相反,为欧洲和平所做的努力应同苏联和西欧的安全利益相一致,同时也和易北河以东人民的自由相一致。②

正是由于这种相同的看法,使得罗斯托在此时寻求凯南这个苏联问题专家对他所写建议的支持。但是他们忽略了一点,那就是此时凯南已不再担任美驻苏大使(凯南于 1952 年 5—10 月任美驻苏大使,之后便回到美国,在普林斯顿大学任终身教授)。所以尽管凯南对杰克逊和罗斯托的建议给予了全力支持,尽管他也认为应由美国总统发起倡议,来寻求同苏联和平解决问题的可能,但

---

① George F. Kennan, *Memoirs, 1925—1950*, Boston: Little, Brown, 1967, pp. 462—464.
② Walt Rostow, *Concept and Controversy*, p. 117.

他对华盛顿的影响却十分有限。凯南告诉杰克逊,要想使他们的提议获得通过,有两个人至关重要,那就是总统和国务卿。然而不幸的是,3月11日召开的国家安全委员会会议表明,艾森豪威尔对召开四国外长会议并不热情。国务卿杜勒斯则认为由美国单方面发起这样的倡议会对美法和美英关系造成伤害。不过,这次会议最终还是同意总统应尽快发表声明,并对杰克逊建议中的其他内容也给予了肯定。①

综上所述,在斯大林去世后,就美国如何采取行动在美国存在着三种看法。第一种看法是国务卿杜勒斯的。杜勒斯当时的精力都集中在欧洲防务集团的组建上。他不需要首脑会议,也不需要总统的演讲,以防西方的注意力从建立欧洲防务集团上转移开来。第二种看法是总统艾森豪威尔的。艾森豪威尔上台之际,国家刚刚经历了为时三年的朝鲜战争。艾森豪威尔深知这个已厌倦战争的国家渴望和平。随着斯大林的去世,艾森豪威尔明白这是他作为美国总统向苏联人民以及全世界发表演讲的一次机会。他也不需要什么首脑会议。他十分清楚苏联对核武器的掌握会使美国同苏联形成危险的且代价昂贵的对峙局面。他需要打破这种冷战局面,而且作为美国总统,他要向世人展示他希望有这样的结果。第三种观点就是罗斯托、杰克逊和凯南的,还要加上大西洋彼岸的英国首相丘吉尔。他们主张应该尽快召开一次首脑会议,以解决军控、一个统一自由的德国和一个统一自由的欧洲这些问题。

---

① 有关这次国家安全委员会会议的详细内容,可参看 FRUS, 1952—1954, Ⅷ, *Eastern Europe-Soviet Union : Eastern Mediterranean*, pp. 1107—1125。

罗斯托　　3月11日国家安全委员会会议结束后,艾森豪威尔发电报给丘吉尔。电文中包含了影响来年美国对斯大林去世后的政策的三个决定:不召开四大国首脑会议;艾森豪威尔希望尽快作一个"给世界一些希望的诺言"的演讲;以及召开包括英国,"也许也有法国"在内的西方首脑会议。

罗斯托所撰写的建议着重强调的一点是美国应利用斯大林去世之机,采取先发制人的策略,率先向苏联发起和平倡议。但是令罗斯托倍感失望的是,由于美国的耽搁,"和平倡议"反倒让苏联领了先。

苏联最早的和平攻势显露在苏联部长会议主席马林科夫在3月10日斯大林葬礼上的讲话中。他说:"在对外政策领域,我们主要关注的是不允许新的战争发生,以及和世界所有国家和平相处。"六天后,即3月16日,马林科夫向苏联最高苏维埃阐述了更具体的、可操作性的和平观点:"在现阶段,没有什么纠纷或未解决的问题不能通过有关国家相互协商而和平解决的。这适用于我们同所有国家的关系,包括美利坚合众国。"①

罗斯托认为美国在"和平倡议"上的动作迟缓在很大程度上应归咎于国务卿杜勒斯。正是因为杜勒斯对美国发起倡议会影响欧洲防务集团成立的担忧、对同苏联谈判所持的怀疑态度以及对总统在外交上所作的重大声明的担忧使得美国坐失了良机。

1953年4月16日,艾森豪威尔终于发表了他就任总统以来的

---

① Statement of March 16, 1953, *Current Digest of the Soviet Press* 5, No. 8 (April 4, 1953), p. 5.

第一个重要演说。这个题为"和平的机会"的演说使艾森豪威尔成为一名积极寻求和平的政治家。值得一提的是,在这个演说中所涉及的德国问题,艾森豪威尔基本上采纳了3月11日国家安全委员会后杰克逊和罗斯托修改过的草案,他讲道:"我们已经准备好不仅要在现有计划上推动西欧各国更紧密的团结,而且还要在此基础上努力实现更大范围的欧洲共同体,以便有助于个人、贸易和思想的自由。这个共同体将包括一个自由、统一的德国,并且这个国家的政府是在自由、无记名投票下产生的。这个自由共同体和完全独立的东欧各国将意味着目前欧洲非自然分裂的结束。"

从3月11日艾森豪威尔表达希望尽快作一次演讲的想法到4月16日,这期间经历了五个星期。而西方国家同斯大林继任代表的会谈则整整晚了九个月。这让罗斯托深感遗憾。他觉得在他所经历的事件中,美国总是在一些关键时刻行动迟缓:在1944年轰炸德国石油设施问题上拖延了两三个月的时间;在1946—1947年拖延了一年之久才就德国问题和大范围援助欧洲重建计划同斯大林公开对峙;这次西方同苏联代表的会晤也是如此。在罗斯托看来,虽然做事并非越早越好,但在这三件事上,美国若能行动迅速,那结果可能会对美国更有利。

研究苏联让罗斯托有机会参与对苏政策的制定,而他真正感兴趣的则是苏联势力所能到达的那些发展中国家。在麻省理工学院国际问题研究中心,罗斯托可谓是最多产的学者。他在麻省的十年出版了近十本专著,发表了大量学术文章。他在这些书和文章中呼吁政府对第三世界国家执行对外经济援助政策,以便把这些国家从苏联的阴影中"拯救"出来。正是从20世纪50年代起,罗斯托的名字开始与外交政策挂起钩来。

"武器"的配备

冷战初期,苏联的对外政策主要集中在扩大其在东欧和亚洲的势力。在东欧,除了南斯拉夫外,苏联的势力得到巩固。在亚洲,共产党已经在中国和北朝鲜取得了胜利。东南亚革命也在如火如荼地开展。在斯大林去世后,尤其是从20世纪50年代中期开始,苏联逐渐调整了其对外政策。一方面,它大举和平旗帜,解决了对奥地利和约问题,举行了苏美两国首脑会晤,并签订了部分禁止核试验条约,试图缓和同西方的关系。另一方面,它加强了对不发达地区的经济援助。它通过贸易、贷款、技术援助和政治渗透等方式加强其对亚洲、中东和非洲发展中国家的影响,给西方施加某些压力。尤其是中国1953年开始实施国内经济建设的第一个五年计划,更让西方觉得苏联不仅要通过各种方式获得第三世界的好感,而且它还要向中国输出它的经济增长模式,进而把这种模式推广到整个第三世界。这样,苏联经济增长模式就将成为引导发展中国家现代化潮流的航标,西方与共产主义世界的斗争场所因此开始转向第三世界。

罗斯托和其所在的国际问题研究中心早已关注到苏联的这种外交新动向。对他们来说,反击苏联的最佳方案就是对第三世界国家给予经济援助。因为一旦这些欠发达国家获得外援,经济就会持续发展,经济体制就会变成市场经济,并逐步接受西方的民主,走上自由资本主义的道路,从而遏制共产主义。在罗斯托看来，苏联对外政策的重点已经由军事进攻转向政治、经济渗透，因此美国对苏冷战的重点应调整至争夺不发达地区，而对外经济援助实际上就是美国同苏联争夺第三世界的一种武器。

罗斯托关于对外经济援助的理论在他先后出版的三部著作中得到很好的诠释。1952 年，罗斯托出版了名为《经济增长进程》的著作。在书中，他完全摒弃了在数据统计的基础上对经济发展态势进行短期评估的新古典经济学研究方法，试图重构 18 世纪中叶以来的世界经济发展史，揭示持续增长和自由民主之间的关联，对长期经济发展趋势做出预测。他将英国工业革命作为人类现代化的开端和模型，指出资本主义制度下，国家、社会和个人可以相互协调、共同发展，并对马克思提出的资本主义劳动异化的观点和苏联中央计划的经济增长方式予以驳斥。在罗斯托看来，英美经济发展模式才是经济落后国家未来现代化道路的指针。经济欠发达国家的经济发展包含三个阶段：第一个是为经济起飞打基础阶段即准备阶段，通常需要一个世纪或更长的时间；第二个是起飞阶段，需要 20 到 30 年时间；第三是经济发展进入正轨阶段。其中，起飞阶段非常重要。虽然起飞的先决条件不尽相同，但对罗斯托来说，落后国家政治、社会结构和价值观的改变对这些国家经济能否起飞十分关键。① 只有采纳英美国家经济发展的模式，经济欠发达国家才会像前者一样由"起飞"走向"自我持续增长"（self-sustained growth）。

---

① Walt Rostow, *The Process of Economic Growth*, New York: W. W. Norton and Company, 1952, pp. 276—306.

罗斯托

第二部著作是1957年罗斯托和米利肯合著的《一个建议：实行有效外交政策的关键》。这本书是他们根据1954年普林斯顿会议所撰写的提案修改而成。1954年，应杰克逊之邀，罗斯托和米利肯参加了在新泽西州普林斯顿举行的旨在督促美国政府采取对外经济援助政策的会议。会后，他们负责根据会议结果撰写了一个提案，并于7月提交给总统，但遭到冷遇。随着1956年美国政府开始认真考虑对外经济援助问题，罗斯托和米利肯认为有必要把这份提案以书的形式公之于众，以重新审视国会和政府执行部门所推行的对外援助项目。

在书中，他们阐述了美国外交面临的两大任务：加强军事力量和同盟国的关系来抵抗苏联的威胁；推动世界朝着有利于美国安全和美国生活方式的方向发展，而这项任务可以通过向经济欠发达国家提供经济援助来完成。①

罗斯托与物理学家、原子弹之父奥本海默

他们罗列了对外经济援助的好处：相对于政治问题而言，经援没有明显的政治倾向，但却是可以施加政治影响的有效工具；通过经援，可以发展地方领导；对美国的盟国产生政治和心理影响，让它们积极参与其中，而不是让它们觉得自己只是美苏军备竞赛紧张的观战者，处于依赖美国的尴尬地位，从而使西

---

① Max Millikan and Walt Rostow, *A Proposal: Key to an Effective Foreign Policy*, Westport, Connecticut: Greenwood Press, Publishers, 1957, pp. 2—3.

方世界更团结。①

　　罗斯托和米利肯把经济增长和对外援助放在社会现代化进程这个框架内加以分析，认为目前世界正处在一个历史性的变迁之中。这对美国来说既是挑战又是机遇。美国对外援助的目的不应是"为了友谊和感恩"，也不应该"让受援国增加更多的军事负担以抵抗共产主义武装"或"通过减少贫困人口而阻止共产主义的进入"。美国援助的目的应该是"让社会在没有暴力出现的情况下快速、平稳地发展"。同时，他们还指出，只有同社会走向"政治成熟"的自身努力结合在一起时，对外援助才会有效。② 在这里，欠发达国家的经济发展已经被看成是解决其社会所有问题（如民族主义、新领导权的发展以及民主进程中所需的自信等）的最佳药方。

　　他们认为，任何国家的资源、文化、历史和政治制度都不可能完全相同，但是不同国家的发展道路却具有一定的共性，都需要经过起飞前的"准备阶段"、"起飞阶段"和"自我持续增长阶段"。处于"准备阶段"的国家受到生产效率低、旧的价值观和制度的限制，经济落后。处于"起飞阶段"的国家主要工业快速发展，在工农业中使用新技术，商人阶层出现，进出口需求增加。这是一个急需外资的阶段。西方国家很早就走完了这一阶段，如英国 1815 年、美国 1860 年、日本 1900 年、苏联 1913 年就分别完成了起飞阶段，而印度要完成"起飞"，还需要十年左右的时间。处于"自我持续增长阶段"的国家国民生产总值的 10%—20% 会用于扩大生产，且国内

---

① Max Millikan and Walt Rostow, *A Proposal*, pp. 39—42.
② Ibid., pp. 9—23.

储蓄充裕并开始向外投资。

在有限的宏观经济数据的基础上,罗斯托和米利肯界定了准备阶段和起飞阶段的经济指标,并得出结论:绝大多数第三世界国家正处于第一阶段。对这些国家实行大范围长期的经济援助,可以使它们选择西方经济增长模式,尽快进入并完成起飞阶段,从而阻断共产主义的渗透。

具体做法是:美国应在最早时间发起对第三世界的长期经济援助。援助金额为五年内提供100亿—120亿美元的贷款和赠款。其他发达国家也应额外提供20亿—30亿美元的贷款和赠款,同时再吸收私人资本20亿—25亿美元。罗斯托强调,这些贷款和赠款不附加任何军事和政治条件,严格按照商业规范操作,并由国家和国际机构如进出口银行、国际银行等负责,当然还应该成立一个新的机构负责协调信息、制定基本规则并确保实施。只有保证这样一个总的援助金额,而且是长期的援助计划才能打破第三世界经济发展的瓶颈,并使这些国家的政府和人民提高有效利用资本的能力和动力。①

尽管罗斯托和米利肯的对外援助计划在当时并没有被艾森豪威尔采纳,但他们所提出的理念和思想却广为传播。

第三部著作是罗斯托1960年出版的那本著名的《经济增长的阶段:非共产党宣言》。这是在前两部著作的基础上发展而来,也是罗斯托对现代化理论最重要的贡献。

从18岁还是耶鲁大学的学生起,罗斯托就立志要研究出取代

---

① Max Millikan and Walt Rostow, *A Proposal*, pp.126—129.

马克思观点的世界历史发展动力理论。尽管其间发生了很多事,罗斯托的研究也因二战和冷战一度中断,但他始终没有放弃这一目标。他认为:"这是一个需要花精力对付导弹以及亚洲、中东、非洲革命的时代,但也是一个充满刺激和危险的历史过渡时期。……从历史来看,共产主义终究是要消亡的。"①20世纪50年代他在麻省理工学院做教授的这相对平稳的十年使他的理论渐成体系,并使他有充分的时间和精力去完成他的夙愿。他曾不止一次地在演讲中阐述他的经济理论,并这样评价共产主义:"从严格意义上讲,我把共产主义摆放在了它应在的位置上,那就是:它不是未来发展的趋势。它只是传统社会向现代社会过渡过程中出现的一种病症",因为它"能使一国在没有产生足够数量的、有企业精神的商业中产阶级且领导人之间尚未达成政治共识的情况下推动和维持经济增长进程"②。

在《经济增长的阶段》这本书中,罗斯托回答了世界经济发展的终点是共产主义还是资本主义这个问题,指出马克思在《共产党宣言》中所说的资本主义"使人和人之间除了赤裸裸的利害关系,除了冷酷无情的'现金交易',就再也没有任何别的联系了"③的观点是错误的,因为"人除了寻求经济优势外,还寻求权力、悠闲、经验的传承和安全;人关心他的家庭,关心熟悉的区域和国家文化价

---

① David Milne, *America's Rasputin*, p.60.
② Walt Rostow to C. D. Jackson, December 8, 1958, C. D. Jackson Papers, Time Inc. File: Rostow, Walt W., Box 75, DDEL. 引自 David Milne, *America's Rasputin*, p.60。
③ 马克思、恩格斯:《共产党宣言》,第26页。

罗斯托

值观……"针对马克思所说的"资本主义国家的社会决定权都是由拥有财产和生产关系的人掌控的"的观点,罗斯托加以批驳,指出马克思没有意识到资本主义和人性的复杂性,"因为马克思主义的核心就是人只为财产而战,所以马克思的分析不能解释怎么和为什么资本家会接受累进收入税和福利社会"。他还举了苏联的例子,认为在苏联"不是经济决定论,而是权力决定论……一小部分有目的且训练有素的人在一个混乱的社会里掌握了政治权力,进而掌控了经济权力。如果共产党的精英们保持团结,并掌握实力,那么国家经济的发展就会巩固和扩大共产党的势力"[①]。鉴于此,他认为马克思所断言的共产主义是人类社会发展的最高阶段是错误的。罗斯托坚信,自由资本主义才是人类社会发展的最高阶段,因为作为一个经济体制,只有自由资本主义才可以促进经济的高速发展和人们生活的改善。

罗斯托还针对马克思对世界历史进程的划分提出了自己的理论。在书中,他论证了所有国家在历史发展过程中都要经历的五个阶段,即"传统社会阶段""起飞的准备阶段""起飞阶段""走向成熟阶段""大众高消费阶段"。

"传统社会"包括我们通常所说的原始社会、奴隶社会和封建社会。在这个社会里,农业是主要生产部门。制造业有不同程度的发展。家族和氏族关系在社会中起主要作用。

"起飞的准备阶段"是第二个阶段。这个阶段的特点是:投资

---

① Walt Rostow, *The Stages of Economic Growth: A Non-Communist Manifesto*, Cambridge: Cambridge University Press, 1960, pp. 149,151,161.

超过人口增长水平,社会经营资本或基础资本积累迅速。农业和开采业生产力迅速提高,可以为急剧增加的工业人口和城市人口提供口粮,为现代工业提供市场,也可以为政府和现代部门提供税收和资金。在这一阶段,教育得到发展,新型企业家出现,对交通、通讯及原材料的投资增加,国内外商业范围扩大,现代制造业广泛发展。但由于受到旧的政治制度的束缚,这些经济活动进展缓慢,因此政府必须建立全国统一市场以使经济摆脱自给自足的区域性质,必须建立现代财政制度以筹集现代化所需要的资金。它还必须制定现代化政策。

第三个阶段即"起飞阶段",是指这一时期的经济、生产方式和社会结构都会在性质上发生重大变化。投资率与储蓄率会由占国民收入的5%左右提高到10%,甚至更多,新兴工业迅速发展,农业生产率大幅提高。稳定的经济增长率得以保持。各种束缚经济增长的传统力量会消亡。

从"起飞阶段"进入到"走向成熟阶段"需要60年时间。这一阶段的特征是:投资率保持在国民收入的10%—20%,各种资源和现代技术的最先进成果得到广泛利用。

最后一个阶段是"大众高消费阶段"。其主要特征是:广大群众在满足基本需求之外,已开始享用其他消费项目,如各种耐用消费品、家用电器和各种服务。同时,劳动力结构的变化使城市居民、职员和熟练工人在总人口中的比例增大。主要生产部门转向耐用消费品和服务业。

罗斯托

表 2.1 罗斯托推测的主要国家的起飞阶段

国　家	起飞阶段
英国	1783—1802
俄国	1890—1914
美国	1843—1860
德国	1850—1873
加拿大	1896—1914
中国	1952
印度	1952

来源：http://en.wikipedia.org/wiki/Rostow's_stages_of_growth。转引自 Walt Rostow, *The Stages of Economic Growth*, London: Cambridge University Press, 1962, pp. 2, 38, 59。

表 2.2 罗斯托推测的主要国家进入成熟阶段的时间

国　家	进入成熟阶段时间
英国	1850
俄国	1950
美国	1900
德国	1910
加拿大	1950

来源：同上。

在这五个阶段中，最重要的是"起飞阶段"。罗斯托认为，斯大林去世前的苏联依靠"专制和意识形态"统治着它的国家和它的"帝国"。斯大林去世后，赫鲁晓夫把注意力转向了经济不发达地区，在那里展开强大的政治、经济和心理攻势。罗斯托担心苏联的这种做法会让这些地区觉得共产主义制度更具吸引力，因为这不仅可以改善他们的贫困生活，也可以摆脱殖民压迫。为了抵抗苏联这种新的进攻态势,罗斯托提出美国应该加强对第三世界的援助,以推动它们尽快进入物质文明更高的"起飞阶段",从而把它们纳入民主世界的轨道。

与马克思强调阶级斗争不同,罗斯托认为不同团体、精英之间有合作的可能,甚至有社会和谐的可能。这种可能会导致经济的增长,进而是政治的发展,也就是说最终会导致现代化的实现。[①]他指出,经济不发达的主要原因并不是因为发达国家和发展中国家间的差距,而是因为不发达国家自身的差距。这些差距可以通过引进更好的平衡发展政策加以改进。

对罗斯托来说,美国可以输出这些国家需要的平衡发展政策,就是援助第三世界。这样做对美国有百利而无一害。美国已经是一个发达国家,处于世界历史进程的五个阶段的最高点——"大众高消费阶段";它的科学技术处于世界领先地位;它的军事和经济力量无国能比;它的社会享受着自由资本主义带给它的自由。资本主义作为其经济体制运行得堪称完美。美国就是第三世界的楷模。只要美国给予第三世界帮助,哪怕是很少的帮助,都有可能让它们摆脱苏联的影响。罗斯托已经把他的发展理论同美国的对外政策联系起来。

罗斯托的观点在很多方面跟18世纪和19世纪的帝国主义的观点类似。那种观点认为英帝国的诸如私人企业、自由贸易等价值观的输出不仅有利于英国,更有利于还没有实现这些的国家。

---

① Walt Rostow, "The Planning of Foreign Policy (1963)," in Walt Rostow, *Essays on a Half Century: Ideas, Policies and Action*, Boulder and London: Westview Press, 1988, p. 77; Walt Rostow, *The Stages of Economic Growth*, pp. 17—35.

罗斯托 罗斯托认为美国的国内问题都已经解决好了,它现在可以腾出手来帮助其他国家了。在罗斯托看来,战后第三世界的发展进程与18世纪后期、19世纪和20世纪初期其他工业国经历的"起飞的准备阶段"和"起飞阶段"极为相似。只要打破它们进入"起飞阶段"所遇到的资金和技术瓶颈,它们就能享受到大规模生产所带来的好处。

经济决定论是罗斯托"经济增长阶段论"的基础,而"贫穷的国家渴望获得西方那样的经济发展"则是罗斯托历史发展的动力说,其前提是一国的领导人无论是在和平时期还是在战争年代,总是把经济的发展和工业基地的实力看得比什么都重要,否则,该国的经济就不可能起飞。罗斯托由此推断出,一旦国家的经济遭到威胁,就会给国家造成不能承受的重担。所以,在越南战争中,罗斯托极力支持美国轰炸北越,因为"胡(志明)有工业中心要保卫:他不再是一个一无所有的游击队员"[1]。

肯尼迪的助手施莱辛格(Arthur M. Schlesinger, Jr.)[2]这样评价罗斯托的阶段论:他没有发明这种理念,即"外援的真正目的不是军事援助,也不是技术支持,但他提出了推广国家发展的理念"[3]。

---

[1] Walt Rostow to Dean Rusk, February 13, 1964, *FRUS*, *1964—1968*, I, *Vietnam*, 1964, pp. 72—74.

[2] 阿瑟·施莱辛格,美国历史学家,曾任肯尼迪总统的特别助理,著有《杰克逊年代》(*The Age of Jackson*)、《肯尼迪在白宫的一千天》(*A Thousand Days: John F. Kennedy in the White House*)。这两部著作均获得普利策奖。

[3] Arthur M. Schlesinger, Jr., *A Thousand Days: John F. Kennedy in the White House*, Boston: Houghton Mifflin, 1965, p. 588.

第二章 反共斗士的形成

1960年在罗斯托的《经济增长的阶段》出版不久，国际经济协会(International Economic Association)力邀18位著名经济学家在德国康斯坦茨举行有关这本书的研讨会。国际经济协会从来没有就某一个人的著作召开过专门的研讨会，之前没有，之后也没有。罗斯托可谓是享受这种待遇的第一人，也是唯一一个，被一些人称作是"我们这个时代最著名的经济史学家"。此书很快就吸引了大量的美国、欧洲和日本的发展经济学家和经济史学家的关注。他们纷纷开展专题研讨会、写书、办讲座、书评等活动。此书在吸引发达国家学者关注的同时，也吸引了第三世界的学者们。随着对罗斯托观点的讨论，来自两个世界的政治学家、社会学家和人类学家都跨越了学科的界限。

罗斯托的"经济增长阶段论"也获得了主流媒体的好评。《纽约时报》称罗斯托的理论是"伟大成就"，犹如"一束穿透黑暗的光束"，有"成为20世纪最具影响力的经济著作"的可能。① 《基督教科学箴言报》评论说："一个敏锐的大脑通过成段成段的文字把复杂事件提炼成令人难以置信的简洁。这是这个作者和这本书与众不同的地方。"②

然而，名誉并不能保证认同，尤其是在学术争论方面。来自学术界的声音与媒体不同，尤其是经济领域里的专家们，他们的批评甚为尖锐。瑞斯特(Gilbert Rist)认为，罗斯托标榜要"在马克思没

---

① Harry Schwartz, "Nations Have Their Phases," *New York Times Book Review*, May 8, 1960, p. 6.

② Review of *The Stages of Economic Growth*, *Christian Science Monitor*, April 9, 1960, p. 23.

罗斯托

能观察到的经济与非经济行为之间建立联系"①,但实际上,在分析结构上,罗斯托同马克思有很多相似之处。他们都假定历史的进化是从传统到现代。罗斯托更是认为"人类是朝着更大的幸福迈进"。这种理论简直就是"没有马克思的马克思主义"②。还有的学者对罗斯托研究发展所运用的方法提出质疑,认为罗斯托的"理论"不是理论,只是分类法,因此根本没有预测的用处。如博尔丁(Kenneth Boulding)指责罗斯托的阶段论只是"空洞的分类盒",他"只介绍了定量分析材料,并把它作为阐明他之前预想的观点的一种方法"③。这些学者认为经济增长的阶段不能准确地用时间间隔来区分。基于经验主义的起飞的先决条件无法同正常起飞相区分。更重要的是,对一些国家来说,持续增长阶段并不总是在起飞阶段之后。

尽管罗斯托的"经济增长阶段论"遭到学术界的批评,但它作为冷战中政治战和心理战外的另一种冷战方式,走出了象牙塔,影响了美国对外政策,不仅使 20 世纪 60 年代美国对外援助法有了理论依据,而且还为美国的政策制定者们提供了一个极具吸引力的分析工具。不断增加的新独立国家陆续走上世界舞台,无疑给美国的对外关系增添了令人困惑的复杂情况。罗斯托提供了一个能让这种混乱局面变得秩序井然的理论,且这种理论通俗易懂,那就

---

① David Halberstam, *The Best and The Brightest*, p. 62.
② Gilbert Rist, *The History of Development: From Western Origins to Global Faith*, New York: Zed Books, 1997, p. 98.
③ Kenneth Boulding, "The Intellectual Framework of Bad Advice," *Virginia Quarterly Review*, Autumn 1971, pp. 602—607.

是,在他的发展模式中,所有国家都是在同一条发展道路上的,只是所处的点不同而已。罗斯托相信,通过考察一个国家的增长率和投资率,就能知道这个国家处于发展的哪个阶段,从而运用这种非政治的方法,最有效地分配援助①,帮助它们实现经济的起飞。正如肯尼迪的助理、经济学家加尔布雷斯所说,"罗斯托理论之所以在20世纪50年代被接受,是因为如果不把贫穷国家从贫困中解救出来,共产主义就会占领这些国家"②。

罗斯托对第三世界的外交理论终于被完全用来服务于美国的全球遏制战略。在20世纪60年代美国决策者的外交思想中,美国外交政策的目的就是"保卫自由"、"维持和加强世界秩序",从而实现"经济繁荣、生活富裕、国家兴旺"的"伟大社会"的梦想。第三世界成为美国实现这种外交思想的主要地区之一。

---

① Eugene Staley,"International Law and Relations," *American Political Science Review* 52, No.3, September 1958, p.891.
② John Kenneth Galbraith, *The Nature of Mass Poverty*, Cambridge: Harvard University Press, 1979, pp.31—32.

第三章 将理论推入"市场"

> 我的职业生涯分为三部分：学术领域、政府部门和对经济增长进程的全心研究，既有观点又有行动。因为有要把学术思想运用到具体实践中去的愿望，作为一名发展经济学家，我先去了战后的欧洲，而后又去了发展中国家……在这三部分生活的背后，是我要把抽象的思想和观点变成可操作的政策的有意识的、持续不断的努力。
>
> ——罗斯托①

作为一名经常参与政府工作的史学家和经济学家，罗斯托非常渴望在把公共政策纳入学术研究的同时，自己的学术思想也能在政策上体现出来。20世纪50年代，罗斯托致力于"经济增长阶段论"的研究，并希望美国政府能以此为理论依托，制定对外经济

---

① Walt Rostow, *Concept and Controversy*, p.iv.

援助政策。为此他不断努力,积极地推广这一理念。

罗斯托与艾森豪威尔

20世纪50年代,围绕美国对外发展援助政策的争论焦点主要集中在三个方面:发展中国家现代化进程的性质;它同外援的关系;以及发展中国家在争取可持续的经济和社会发展过程中的成败对美国利益的影响。

1953年新上任的共和党总统艾森豪威尔对外援不感兴趣。他秉承了共和党的传统,不仅对杜鲁门政府时期的对外援助机构做了重大调整,而且大幅度削减对外经济援助的规模,力主自由贸易政策,实行所谓的"贸易而非援助"政策。1954年,他在给国会的咨文中这样阐述对外经济政策:援助——我们希望缩减;投资——我们希望鼓励;货币兑换——我们希望促进;贸易——我们希望扩大。这一年国会外援拨款仅24亿美元,其中86%是用于军事和防务支持援助。[①]

对艾森豪威尔来说,同援助第三世界相比,他更看重西欧的安全,更愿意使用核武器。在艾森豪威尔任总统的第一任期,他拒绝向穷国援助,并通过双边或地区安全条约来削减美国财政开支。加尔布雷斯曾这样批评艾森豪威尔对发展中国家的政策:"我们曾一度致力于签署军事条约,而这些军事条约的优点并不比弊端多。

---

① Walt Rostow, *Concept and Controversy*, p. 208.

罗斯托

可与此同时我们所拥有的强大的经济援助却越来越不愿意使用。"①是否对欠发达国家进行经济援助成为艾森豪威尔时期最具争议的问题。

20世纪50年代,世界各地反对殖民、要求独立的呼声日益高涨,尤其是东南亚反帝反殖斗争如火如荼。1954年春,法国在印度支那的统治地位已岌岌可危。苏联宣布通过援助加强同第三世界不结盟国家关系的新方针,而美国则还一味强调军援。这让美国的决策层决定就第三世界经援问题采取行动。

最先行动起来的是国务卿约翰·杜勒斯。他对西方在东南亚受挫和苏联对发展中国家的经济和政治渗透感到沮丧,并抱怨说他是在用一只胳膊(军事力量)保卫国家利益,而他的另一只胳膊(经济援助)则被绑在了身后。② 于是他在3月25日邀请即将离任的艾森豪威尔心理战顾问杰克逊共进午餐,寻求经济援助良策。杰克逊曾在二战的心理战略委员会工作过。他知道解决重大问题需要用非常规的方法。他深信知识分子在美国外交政策的制定中起着相当重要的作用,所以在反击共产主义的斗争中,他早已把罗斯托列为可向政府提供帮助的对象,并在包括对外援助等问题上和罗斯托有过接触。因此,这次他毫不犹豫地找到罗斯托和米利肯,希望他们能为艾森豪威尔有限的外援政策提供更多的选择方案。

---

① John Kenneth Galbraith, "For Foreign Aid in a New Packaging," Review of Max Millikan and Walt Rostow, *A Proposal: Key to an Effective Foreign Policy*, New York Times Book Review, January 18, 1957, p.22.

② Walt Rostow, *Concept and Controversy*, pp.209—210.

在罗斯托和米利肯的协助下,5月,杰克逊组织召开了针对美国经济援助的普林斯顿研讨会。出席会议的有政府要员,如中央情报局局长艾伦·杜勒斯、总统国家安全事务特别助理罗伯特·卡特勒、财政部和对外援助部门的官员;也有政府外人士,如钢铁工人联合会主席和来自哈佛大学、麻省理工学院的经济学家们。会议就美国应该支持全球发展援助计划达成一致,并委托罗斯托和米利肯根据会议精神,就经援写一份建议,提交总统。通过杰克逊,罗斯托开始向华盛顿的权力中心迈进。

两个月后,罗斯托和米利肯完成了"新的美国对外经济政策建议"即"世界经济计划"的报告。这是罗斯托依据其经济增长阶段思想设计的大规模开发援助项目。在这份长达52页的报告中,罗斯托呼吁美国对不发达国家的经济发展进行长期援助。具体做法是美国牵头制订一项为期五年、总额为200亿美元的"世界经济计划",其中美国提供100亿美元,以贷款为主、赠与为辅。与此同时,罗斯托还协助杰克逊起草了一份艾森豪威尔的演讲稿,乐观地希望总统一旦同意他们的建议,就可以用到这个演讲稿。

然而,这份建议并没有说动艾森豪威尔。一心想维持收支平衡的艾森豪威尔坚持"旨在挫败共产主义直接进攻的短期军事和政治同盟"[1]。他政府内的大多数人员如副国务卿小胡佛(Herbert Hoover, Jr.)、财政部长汉弗莱(George Humphrey)、联邦调查局局长胡佛(Hoover)也都反对大规模地对外援助,认为这种做法既

---

[1] Walt Rostow, *The United States in the World Arena*, New York: Harper and Row, 1960, p. 330.

罗斯托

不重要,也没有必要。美国的任务是要确保西方民主的安全,并抵制苏联的领土扩张。利他主义的对外援助不合时宜。艾森豪威尔不愿意为此同国会和财政部的保守派们争执,所以否定了该建议。罗斯托在他的回忆录《权力的扩散》中不满地指出:美国只用总援助的 15% 来援助艾森豪威尔和杜勒斯精心编织的军事同盟网以外的国家,包括战略位置如此重要的埃及、印度和印度尼西亚。① "这种孤立主义倾向"是"非美国式的","会威胁到我们最为珍爱的价值观念"②。

尽管罗斯托对艾森豪威尔的做法表示不满,但他并没有放弃"世界经济计划"。1955 年 9 月,总统特别助理纳尔逊·洛克菲勒在弗吉尼亚昆迪克组织召开了第二次会议,旨在总结、评估美国在国际舞台上的军事和政治地位,并就针对其弱点应采取什么样的长期政策提出建议。这次会议的关注点就是经济援助问题。米利肯把他们的"世界经济计划"改头换面地呈交给与会者。这个题为《经济政策作为政治和心理政策的工具》的报告不仅包含了"世界经济计划"的内容,而且提出在未来十年,根据发展中国家的资本吸收能力,每年额外增加 20 亿—30 亿美元的援助,其中美国承担 15 亿—20 亿美元。③ 该方案再次遭到艾森豪威尔的否定。罗斯托抱怨说:"这几年我们太过于强调协定、条约、谈判和国际外交,对如何促进其他国家稳定、有效、民主社会的发展措施甚少。"④

---

① Walt Rostow, *The Diffusion of Power*, p. 61.
② Max Millikan and Walt Rostow, *A Proposal*, p. 5.
③ Walt Rostow, *Concept and Controversy*, pp. 171—172, 213—214.
④ Max Millikan and Walt Rostow, *A Proposal*, p. 4.

20世纪50年代中期以后,苏联加强了对不发达地区的经济援助。如果说1955年苏联通过捷克卖武器给埃及是给美国敲响了警钟的话,那么,赫鲁晓夫和布尔加宁在12月对阿富汗、印度和缅甸长达一个月的访问并承诺向它们提供大量技术援助和贷款则让美国紧张起来,因为在美国决策者看来,苏联对外政策的重点已经由军事进攻转向对第三世界的政治、经济渗透,因此美国对苏冷战的重点也应调整至同苏联争夺不发达地区。这种形势的变化使得罗斯托对经济欠发达国家援助计划的思想和理念开始在政府中广为传播。

如果说从1954年开始的对美国外援政策的辩论主要集中在知识分子、意识形态和政治层面上,那么到了1957年,随着支持援助政策的克里斯蒂安·赫脱(Christian Herter)取代小胡佛成为美国副国务卿、罗伯特·安德森(Robert B. Anderson)取代汉弗莱成为美国财政部长,这种辩论已经到了操作层面了。

以富布赖特(Fulbright)为首的美国参议院对外援助特别委员会也开始支持对第三世界的经济援助。而虽为公民团体(Citizens' Committee),但同艾森豪威尔政府有联系的国际发展咨询委员会也提出了自己的建议,如:至少三年不带追加的资金援助;援助的数额应较大;应包括对国防的援助;援助的形式主要是贷款等。国际发展咨询委员会的建议同国务院政策设计室1956年提出的援助方案有异曲同工之处。实际上,国务院政策设计室的专家们同国际发展咨询委员会的合作十分密切。罗斯托和米利肯就同这两个机构都保持着密切联系。他们对外援助的主张及理念在这里得到了共鸣与支持。

罗斯托

在多方努力下,艾森豪威尔终于同意把用于防务的基金抽出部分到新的发展基金中。国务卿杜勒斯根据总统的精神,在1957年4月8日星期一发表的声明中强调美国将更关注于长期发展援助,并坚信美国的这种经济援助一定会打破外汇瓶颈,从而促进受援国自身经济的发展。杜勒斯表示,要想使经济援助达到预期效果,美国的发展援助计划应从两方面着手:一方面要打破年审和年度拨款的惯例,另一方面要消除各国提前拨款的现象。因为经济发展是一个持续过程,而非一年一度的盛事。①

然而,就在罗斯托满心欢喜等待其援助第三世界理论付诸实施时,苏联成功地发射了第一颗人造卫星。这引起了美国和西欧的恐慌。美国国会在这种情况下无疑更关注于双边安全和军事拨款,而艾森豪威尔此时也对罗斯托关于北约国家齐心协力对发展中国家进行经济援助的倡议提不起精神。

尽管罗斯托对第三世界进行经济援助的思想再次在艾森豪威尔那里碰了壁,但他并没有气馁。下面这段罗斯托同富布赖特参议员就支持对外援助政策和给予印度支持的对话,从一个侧面反映出罗斯托的执着。这是在1958年2月27日参议院对外关系委员会的听证会上的对话:

> 富布赖特参议员(以下简称富):……你已经有一年的时间去反思国会没有采纳对经济发展的长期援助计划,这个计划也是这个委员会完全按照你的建议提出的。

---

① 转引自 Walt Rostow, *Concept and Controversy*, pp. 222—223。

基于去年的经验,你对这次国会是否会赞同你的观点持乐观态度吗?

罗斯托(以下简称罗):先生,在许多事情上我都摆出是专家的样子,但是,我不会自以为是地去判断国会或者国内政治势力的情绪。

富:……你有什么理由相信这次国会会对你的提议有反应?我一点儿也看不出国会的反应会比去年积极。对外援助问题已被详细地研究过。这个委员会花了一年时间对经援计划一点一点地审查。正如我所说,这个委员会在很大程度上同意你的建议,参议院也是。但是这个计划还是行不通,最终被彻底阉割了。

罗:是这样的。

富:现在很显然我们都很关注这件事,但是我不认为美国会推行你所建议的政策……我不知道你为什么不直接给出你个人的看法。我所想知道的就是你对此的态度是乐观的吗?

罗:我告诉你为什么——

富:你的感觉是什么?为什么你要犹豫?我不想给你施加压力。

罗:我告诉你为什么我犹豫。不是我害怕做出判断,只是因为作为一个对这些问题感兴趣的市民,我在战斗。

……

我可能是这个战斗队伍中最小的一员,但是当我在战斗时,我通常不会问:胜算是多少?我会赢还是会输?

我只会问:问题是什么?在选项结束之前我能做什么?这就是我为什么会回来找你的原因;因为参议院对此如何反应、国家领导人以及公众对此如何反应都还没有定论。

富:我收回这个问题。也许这个问题现在问还为时尚早。我觉得你对这一问题的看法很有意思。①

罗斯托始终坚信美国对外政策应该重视发展中国家。既然不为艾森豪威尔所重视,那就另辟蹊径。罗斯托很快就遇到了一个知音——来自麻省的年轻参议员肯尼迪。

罗斯托与肯尼迪

从事社会科学研究的学者们绝大多数都希望自己的理论能被现任政府所重视、所采纳。就发展理论来说,学者们因各自的世界观和意识形态不同而导致自己的理论有的趋于自由主义,有的趋于保守主义,还有的趋于马克思主义。这就使得美国不同的政府可以根据自己的需要来"买"他们的理论。也就是说,哪种理论对他们的外交有利,他们就会使用哪种理论。随着民主党自由派代表人物肯尼迪入主白宫,一向不受保守派总统艾森豪威尔青睐的罗斯托的现代化理论开始得到赏识。

---

① *Review of Foreign Policy*, Hearings before the Committee on Foreign Relations, Part 1, Washington, D.C.: GPO, 1958, pp. 278—280, inferred from Walt Rostow, *Concept and Controversy*, pp. 228—229.

1961年1月肯尼迪宣誓成为美国新一任总统时,美国和苏联的关系正处于紧张阶段。肯尼迪在反击共和党候选人、副总统尼克松时就曾提到所谓的"导弹差距"(Missile Gap)①,认为美国在核武器上已经失去了优势。这种做法虽然把指责的矛头指向了共和党政府、指向了尼克松,并加重了美国公众的恐惧,但它也同时加剧了两个核大国之间的紧张气氛。这种紧张在肯尼迪执政的最初两年不断升级,以致双方发生了一系列的危机,如入侵古巴的"猪湾事件"、1961年柏林危机和1962年古巴导弹危机。

　　更让美国担心的是,它同美洲国家的关系正处于崩溃边缘。1933年至1945年罗斯福的睦邻政策让美国同拉丁美洲国家建立起了友好的关系,但在之后的几任总统执政期间,双方关系开始恶化。美国不愿给拉美国家提供类似于马歇尔计划的经济援助,只关注冷战和反共的狭隘的利己主义让这些国家觉得受到不公平的待遇。1958年尼克松作为副总统访问中美洲时就遭到敌视,甚至生命受到威胁。1959年古巴革命的成功让美国意识到它需要改变自己现行的政策。于是在随后的几个月,华盛顿拨款3.5亿美元建立了泛美发展银行,国会也同意给社会进步信托基金5亿美元作为对拉美国家的投资和发展基金。

　　基于上述原因,美国要改变它的政策,而这一使命就落在了肯尼迪的身上。肯尼迪认为,基于国际局势的变化,特别是美苏力量对比的变化,美国已不再拥有核武器的优势,在同苏联的全球对抗

---

　　① "导弹差距"是美国在冷战期间错误地评估自己跟苏联的导弹实力而使用的一个术语。美国认为自己的导弹无论在数量上还是在实力上都不如苏联。这种观点从一开始就被认为是错误的,但被政治家们用来当做一种政治工具。

罗斯托

中已经处于下风,美国原有的遏制苏联的战略已经失去了基础,遭到了破坏。另外,在美苏之间存在的"导弹差距"外,世界上还存在着另一个巨大的差距,那就是"经济差距"。这种差距体现在北半球工业化国家和南半球人口众多、工业落后的国家在生活水平、人均收入以及对未来的希望等方面。虽然"经济差距"不是指美苏之间的差距,但对肯尼迪来说它具有同"导弹差距"一样的明显性和紧迫感,因为苏联正在对这些发展落后的第三世界国家展开经济、技术援助和贸易渗透的攻势。因此,要在全球抗衡苏联,美国必须要有新的举措和政策。

肯尼迪开始到学术界寻求帮助。20世纪60年代在发展理论方面的领头羊无疑是罗斯托,更重要的是罗斯托还是其理论的积极推动者,并极力推进其学术思想在政策上的体现。

其实,早在1956年肯尼迪就曾间接地听取过罗斯托关于对外经济援助尤其是对印度援助的看法。援助印度是罗斯托为肯尼迪能在民主党中脱颖而出获得副总统候选人的提名而提出的建议。在民主党大会后,肯尼迪曾写信告诉罗斯托的哥哥尤金,说他在如何最有效地利用艾森豪威尔对发展中国家政策的弱点上,"很欣赏沃尔特的建议,并获益匪浅"[①]。

罗斯托和肯尼迪第一次见面是在1958年2月。当时肯尼迪邀请罗斯托去他位于华盛顿的家中同他共进早餐。两人的见面十分愉快。罗斯托回忆说:"我们的话题涉及美国外交和军事政策,还

---

① John F. Kennedy to Eugene Rostow, October 16, 1956, Papers of President Kennedy, Pre-Presidential Papers, Box 550, JFKL, inferred from David Milne, *America's Rasputin*, p.50.

有美国国内状况。他要求我在他寻求民主党提名和竞选总统时支持他。"①实际上,罗斯托和肯尼迪有很多相似之处:他们都刚40岁出头,都有远大的政治抱负,都参加过二战。著名记者哈伯斯塔姆(David Halberstam)在他的书《出类拔萃之辈》中写道:"肯尼迪尤其喜欢罗斯托,喜欢他的直率、他的无穷的精力;喜欢他更务实,不像大多数学者那样;喜欢他知道在华盛顿应该如何工作;也喜欢他把学术和政治融合得恰到好处,并同职业政治家相处得融洽。"②

肯尼迪和罗斯托还有一个共同之处,那就是不管出于何种目的,都对援助第三世界感兴趣,而且都对艾森豪威尔的对外经济政策不满。

在1957年做参议员时,肯尼迪就决定作为竞选策略之一发起一个有两党议员参加的议案,旨在对印度经济发展提供长期援助。来自肯塔基州的共和党参议员库珀(John Sherman Cooper)曾于1955—1956年任美国驻印度大使。他坚决支持美国对印度执行更灵活的经济援助政策,因此两人一拍即合。

在1957年至1958年的冬天,肯尼迪不停地为援助印度之事咨询专家、学者。麻省理工学院国际问题研究中心无疑成为肯尼迪的理论来源,而对现代化理论研究颇深的罗斯托也自然受邀成为肯尼迪的外交政策顾问。在1958年两人的第一次会面中,罗斯托就和肯尼迪讨论了其提案即将面临的问题和对策,并答应帮肯尼迪撰写援印提案演讲稿。肯尼迪曾这样征询罗斯托的看法:"你觉

---

① Walt Rostow, *The Diffusion of Power*, p.125.
② David Halberstam, *The Best and the Brightest*, p.157.

罗斯托

得政府已经决定给印度的经济援助能满足印度经济发展的最低要求和美国在印度的政策吗?"罗斯托回答说:"我坚信现行的每年给2.9亿美元的援助严重不足。"①

在罗斯托看来,印度的第一个五年计划(1951—1956)已经充分显示出它的发展潜力。相对于中国而言,印度的发展对发展中国家更具有政治和意识形态上的意义。然而由于外汇短缺、农业歉收,印度的第二个五年计划正摇摇欲坠。它需要更多资本的注入才能激发它的活力,否则一旦印度经济崩溃,苏联就会乘虚而入,从而危害到美国的国家安全和利益。因此,罗斯托对肯尼迪的援印提案鼎力相助。他甚至为肯尼迪先后撰写了两份演讲稿②以抨击艾森豪威尔漠视对第三世界进行经济援助的政策。

1958年3月25日,肯尼迪向国会宣读了罗斯托为他起草的约8000字的援印提案演讲稿,其主要内容是:美国侧重的军事反应的政策已经不足以解决不结盟国家所面临的经济和社会问题;印度的第一个五年计划已经显示出其经济增长的能力,它在同中国的经济竞争中如何表现会对发展中国家产生极大的政治和意识形态的影响;由于外汇缺乏,印度的第二个五年计划危在旦夕,美国目

---

① Walt Rostow, statement before the Senate Committee on Foreign Relations, 84th Congress, Second Session, 1958, pp. 284—286, inferred from David Milne, *America's Rasputin*, p. 58.

② 罗斯托为肯尼迪撰写的两篇国会演讲稿题为:《亚洲的选择——印度的民主发展,1958年3月25日》《经济差距,1959年2月19日》。这两篇演讲稿都收录在肯尼迪在参众两院当议员时的演讲集里。见 John F. Kennedy, *A Compilation of Statements and Speeches Made During His Service in the United States Senate and the House of Representatives*, Washington, D. C.: Government Printing Office, 1964, pp. 591—608, 789—798。

前的援助水平远远不能满足这一计划的实现;拯救这一计划的紧急措施是在印度第二个五年计划余下的三年中给予印度30亿美元的援助;所有西方国家都应参与并通过国际财团向印度提供长期援助。①

肯尼迪和库珀的共同决议案被附在《共同安全法》的第二部分,正式进入1958年国会对外援助的讨论议程中。在参议院,肯尼迪的议案虽然受到来自右翼共和党和保守民主党的反对,但却得到大多数民主党和自由共和党的支持。参议院多数党领袖林登·约翰逊也支持该议案,故议案在参议院得到通过,但却遭到众议院的否决,理由是现行的援助印度的框架是恰当的,美国不应挑选某个特定国家进行援助。其实,正如肯尼迪自己在3月25日的演讲中所说的,1958年是美国外援政策尤其是对印度援助政策极其困难的一年,因为"国会对事先承诺的长期对外援助越来越犹豫;肯尼迪-库珀议案既缺少国会支持,也没有要援助印度的国家危机感;同时对像印度这样的中立国家,国会的态度是日趋敌视的"②。

很显然,肯尼迪-库珀议案是针对共产党的政策而做出的一种反应。苏联和东欧各国的援助与贸易计划,中国自1953年开始实施的第一个五年计划和1958年初"大跃进"给美国的假象,以及相比较而言印度经济出现的诸多问题,再加上苏联人造卫星发射的成功,催生了这一联合议案的提出,并使之成为美国国会和政府在

---

① Walt Rostow, *Concept and Controversy*, pp. 189—191.
② Walt Rostow, *Eisenhower, Kennedy, and Foreign Aid*, pp. 9—10.

罗斯托

20世纪50年代争论的焦点。而这种争论的背后所反映出来的不仅是对共产党国家政策和事件所做出的反应,而且也是对西方发达国家就如下三个问题的辩论所作出的反应:发展中国家现代化进程的性质;外部援助与它的关系;以及在取得可持续性经济和社会发展方面,发展中国家成功或失败对美国和西方国家的利益影响。换言之,也正是对罗斯托所倡导的对第三世界经济援助理论的争论。

令罗斯托感到欣慰的是,这场争论并没有持续太久就因1958年11月民主党赢得多数席位而有了突破。随着众多反对美国对外发展援助政策的议员离去,华盛顿对援印态度的转变,以及西方国家在援印问题上所表现出的同美国合作的愿望,促使肯尼迪和库珀决定再次提交援印议案。

1959年2月19日,肯尼迪根据罗斯托重新撰写的援印草案,在国会发表了题为"经济差距"的演讲,指出经济差距是美国面临的最严重的挑战。美国要在1959年大显身手,缩小这种差距。这一年对印度来说,要么是经济衰退的一年,要么就是经济腾飞的一年。美国政府应该邀请其他友好的民主国家一起确保印度完成第二个五年计划,并对其第三个五年计划进行规划。[①] 肯尼迪-库珀提案终于在9月得到批准。

罗斯托事后这样评价美国对发展中国家的经济援助政策:"如果美国和西方发达国家在20世纪50年代后期没有对印度和拉丁美洲进行经济援助的话,那么苏联定会以极大的热情去帮助这些

[①] Walt Rostow, *Concept and Controversy*, pp. 238—239.

地方。那样的话，苏联在这些经济欠发达国家的政治及战略影响力就将是巨大的，而且还会有更多的国家直接处于苏联控制之下……美国致力于发展援助计划虽然并没有让美国拥有新的军事和政治同盟国，但它却在美苏政治影响力方面创造了一个更有利于美国的平衡。"① 罗斯托极力推崇的美国对发展中国家的经济援助政策的实质可从这段话中窥见一二。

罗斯托的经济发展理论对肯尼迪竞选总统时的对外援助战略意义深远。说他为肯尼迪成功当选总统立下了汗马功劳一点也不为过。肯尼迪在多次演讲中都用到了罗斯托为他提供的缩小穷国和富国经济差距的重要性这一观点。不仅如此，罗斯托还为肯尼迪设计了在竞选总统时要强调美苏之间的"导弹差距"，强调这种差距使美国的报复能力在受到苏联导弹攻击时可能会十分脆弱，因为这会诱导选民们认为是共和党的政策使国家的安全遭到威胁，从而转为拥护民主党。对罗斯托来说，夸大苏联的快速发展只是一个策略。他更强调美国自身应采取什么样的政策，尤其是在导弹和对外经济援助上。罗斯托已经成功地成为肯尼迪智囊团的一员。

除了强调经济和导弹差距的重要性之外，罗斯托还为肯尼迪竞选总统贡献了三个非常有名的短语："让我们推动国家再向前迈

---

① Walt Rostow, *Concept and Controversy*, p. 250.

进、"新边疆"和"发展的十年"。尤其是"新边疆"①更成为肯尼迪政府对内和对外政策的一个标签。罗斯托同肯尼迪的交往也渐渐超越了援印和美国发展援助计划。

若干年后,罗斯托在回忆20世纪50和60年代美国对外援助政策时,盛赞肯尼迪和约翰逊是1945年后美国仅有的认真考虑该政策的两位总统,因为他们不仅相信美国和西方发达国家的安全同发展中国家将走什么样的发展道路息息相关,而且还采取了一系列的实际行动。②

随着肯尼迪入主白宫,罗斯托进入政府核心部门已毫无悬念。在肯尼迪就职演说的前一天即1961年1月19日,肯尼迪任命罗斯托为总统国家安全事务特别助理帮办,在麦乔治·邦迪(McGeorge Bundy)手下工作。

罗斯托的现代化理论在20世纪50年代后期开始影响肯尼迪有关经济发展的政策。虽然罗斯托在50年代花费大量时间从事现代化研究和理论推广,但他去白宫并非是他第一次从事政府工作。在他去剑桥前,就曾在美国军队、国务院和联合国欧洲经济委员会工作过。在麻省理工学院期间,他也曾为艾森豪威尔政府和其他政府机构做过顾问。罗斯托把他的职业生涯看做是"思想世

---

① 肯尼迪所谓的"新边疆",不是地理概念,而是指新的领域和新的挑战。开拓"新边疆"就是要利用美国先进的科学技术和强大的经济实力去开拓新的领域,迎接新的挑战。希望在空间技术上赶上苏联,并且在其他科技和经济领域保持美国的领先地位。肯尼迪执政时期美国的登月计划、反经济衰退计划等都是这一思想的体现。
② Walt Rostow, *Eisenhower, Kennedy, and Foreign Aid*, p.57.

界和公共政策世界的相互合作"①。当他加入肯尼迪政府时,他开始着手要把他的经济理念变成政策行动了。

纵观罗斯托参政之路,不难看出,在全球冷战这一特定的历史环境中,没有谁可以置身事外,即便是看似同政治毫无关系的从事理论研究的学者们。我们知道,理论研究的性质和目的总会更直接地受到事件的发生、进程以及目的的影响,但同时也会受到政府的政治议程等因素的制约。也就是说,理论不仅仅是对现实的反映,也是对权力的一种反映。首先,学者们研究经费的主要来源之一就是政府资助;其次,在政府中任职可以让学者们在权力中心立足,从而可以让他们根据政府的政治议程选择应引起学术界更为关注的事件或进程。

20世纪50、60年代,刚摆脱殖民统治、获得独立的第三世界国家一穷二白,缺乏必要的经济、社会和政治基础,而冷战又使美苏要争先把这些国家纳入自己的势力范围之内。这就给美国学术界和政客们提出了一个问题:如何发展这些国家?这一问题如此重要,以至美国政府愿意出钱资助这类研究。于是,发展研究成为学术界的一个热门领域,吸引着大批学者参加。这些学者一方面是冲着该领域存有大量研究空间而来,另一方面则是看中伴随研究而来的各种机会。政治机构在学术界一直拥有发言权,它们甚至被看做是对"买"理论和建议极感兴趣的顾客。它们人数相对不多,且拥有大量资源,如资金,甚至权力,自然会对卖主——理论家

---

① Rostow,"Ideas and Action," June 11, 1962. Address at Carnegie Institute of Technology, *Department of State Bulletin*, July 9, 1962, p.59.

罗斯托

们施加影响。美国冷战史上这一独特现象不禁让人感叹：学术研究终究不能摆脱政府的左右。就连美国总统艾森豪威尔也对此悲叹道："在历史上一直是自由观点和科学发明的源泉的自由大学在发展过程中经历了变革。这其中部分原因是由于巨额资金的投入使政府的契约变成了知识分子好奇心的替代物……这个国家的学者、研究项目的分配以及资金的掌控都受联邦政府支配的情景已经展现，应该被认真对待。"[1]然而，艾森豪威尔的警告并没能阻止学术界的这一进程。

尽管政府的行为左右了学者们的研究内容，但必须指出，政府的行为不一定会左右学者们的研究结果以及对研究的诠释。罗斯托就是一个很好的例子。他是20世纪50和60年代发展理论的代表人物。他把他的理论成功地转变成了具体的政策，对美国20世纪60年代的外交政策起了极大的作用。

肯尼迪上台伊始，美国在国际上面临着两大阵营摩擦而引起的诸多危机，如古巴猪湾事件、柏林危机、东南亚危机（老挝政变）以及刚果危机。而这一切都与苏联对第三世界国家，尤其是对新近独立或正在争取独立的亚非国家所采取的友好援助政策密不可分。赫鲁晓夫在1961年1月6日公然对外宣称："自斯大林去世、朝鲜战争结束和西方干劲的松懈，一个个的事件加强了必胜的信念……世界上再没有任何力量能够阻止（反对殖民统治的国家）通往社会主义的道路了……共产主义者对这种正义战争是全身心、

---

[1] 艾森豪威尔1961年告别演说。见 Eisenhower's Farewell Address to the Nation, January 17, 1961, http://mcadams.posc.mu.edu/ike.htm。

毫无保留地支持的。"①

赫鲁晓夫的讲话加深了肯尼迪的担忧。早在1957年2月肯尼迪就曾在参议院发表演讲,批评艾森豪威尔纵容法国在阿尔及利亚的战争,强调"帝国主义的挑战"是冷战的一个关键问题。肯尼迪坚信:"这是一场最为严峻的考验。关注冷战局势的亚非亿万人民将依据我们国家的行动来做出重大的选择,铁幕后面依然热爱自由的人民也在急切地等待我们采取行动。如果我们不能迎接苏联和西方帝国主义的挑战,那么即使投入再多的援助,增加再多的军备,签订再多的协定,发表再多的宣言,举行再多的高层会议,也不能防止我们的事业和我们的安全受到损害。"②

肯尼迪担心这些曾遭西方剥削奴役的国家会把苏联当成效仿的榜样和获得援助的源泉,从而最终真的会同西方决裂,走向社会主义的发展道路,这样就会造成美国在国际事务特别是在广大的第三世界中的孤立。对肯尼迪来说,社会主义体制本身就是敌人。因此,他指责艾森豪威尔政府没有进入冷战的新战场即第三世界,故而才会在第三世界发生危机。为此,他特意在就职演说中强调,为了自由的存在和自由的胜利,美国将不惜一切代价。对于那些新独立的国家,他表态欢迎其加入到自由国家行列中来,并表示将恪守誓言,"绝不让一种更为残酷的暴政来取代一种消失的殖民统治"。对于隶属第三世界、经济欠发达的国家,肯尼迪表示:"我们

---

① Arthur Schlesinger, Jr., *A Thousand Days: John F. Kennedy in the White House*, p. 275.

② Theodore Sorenson, ed., *Let the World Go Forth: The Statements, Speeches, and Writings of John F. Kennedy, 1947—1963*, New York: Dell, 1988, p. 331.

保证尽最大努力帮助它们自立,不管花多长时间——之所以这样做,并不是因为共产党可能正在这样做,也不是因为我们需要它们的选票,而是因为这样做是正确的,自由社会如果不能帮助众多的穷人,也就无法保全少数富人。"①因此,"在世界上许多力量对比已经有利于我们的敌人的地区",美国必须行动起来,"必须扭转颓势"②。

在这一政策的指导下,美国成立了专门援助第三世界的机构,不仅把国际合作总署和开发贷款基金会包括在内,而且还扩大了"粮食用于和平"计划,使肯尼迪任期内"粮食用于和平"的援助每年平均在15亿美元左右。而"和平队"的建立,更是让美国的意识形态进入第三世界。因为肯尼迪坚信,美国是一座山巅之城,"保有意识形态上的优势,比世界上任何国家都更有条件对外输出《独立宣言》中的革命思想,因而也更有条件领导东西方反对各种帝国主义的民族主义运动"③。

"和平队"是由联邦政府资助的海外志愿者团体。它的使命是向海外传播民主理念和实用知识,帮助这些国家实现现代化,并"抵抗那种能够将真正的自由化进程扼杀在摇篮中的颠覆性的意识形态"④。"和平队"队员的人数从1961年的第一批500人增加

---

① Kennedy Inaugural Address, January 20, 1961.
② *Public Papers of the Presidents of the United States: John F. Kennedy*, 1961, pp. 19—27.
③ John F. Kennedy, *The Strategies of Peace*, New York: Harper & Brothers, 1960, pp. 43—44.
④ 雷迅马:《作为意识形态的现代化:社会科学与美国对第三世界的政策》,中央编译出版社2003年版,第187页。

到 1963 年的 5000 人,直至 1964 年的 1 万人。他们分布在世界 46 个国家,担负起各种各样的援助任务,如修公路、建学校、教英语、看病、传授农牧业新技术、引进高产农作物品种等。美国政府的拨款也从每个财政年度的 3000 万美元增加到 9600 万美元。

肯尼迪这些经济援助政策的目的就是"为整个非共产党世界建设一种健全和不断发展的经济,帮助其他国家增强力量来应付它们自己的问题,满足它们的愿望和克服它们本身存在的危险"①。换句话说,就是通过向发展中国家提供援助,缩小这些国家的贫富差距。同时,让发展中国家看到美国的另一面,对美国产生好感,从而使苏联诋毁美国的言论不攻自破。肯尼迪和他的智囊们相信,这种新的对外政策具有宽容和积极的内涵,它将给世界带来安全与稳定。② 肯尼迪通过其"灵活反应"的外交策略在全球范围内用军事和非军事手段抗衡共产主义,最终把处于冷战边缘的第三世界拖至冷战的中心。

其实,肯尼迪的这种和平战略同他的前任杜鲁门和艾森豪威尔的遏制战略从本质上来说没有区别,只不过是强调达到战略目的的手段和途径不同罢了。肯尼迪认为,美国的遏制战略是建立在美国对核力量以及对外资本输出和技术援助这两方面的垄断之上的。但随着国际形势的变化,特别是美苏力量对比发生变化后,原有的遏制战略失去了基础,而他的"和平战略"正是顺应了这种

---

① *Public Papers of the Presidents of the United States: John F. Kennedy*, 1961, pp. 19—27.

② Arthur M. Schlesinger, Jr., *A Thousand Days: John F. Kennedy in the White House*, p. 201.

罗斯托

变化。

为了确保达到抗衡苏联并获得第三世界对西方国家好感的目的,肯尼迪组建了由"出类拔萃之辈"组成的政府。新政府主要决策部门的负责人大都来自军事院校、商界和精英大学坚定的反对共产主义的极端保守派。担任洛克菲勒基金会总裁的迪安·腊斯克(Dean Rusk)被任命为国务卿。福特汽车公司总裁罗伯特·麦克纳马拉(Robert McNamara)出任国防部长。哈佛大学文理学院院长麦乔治·邦迪担任总统国家安全事务特别助理,即现在人们通常所说的总统国家安全顾问。从麻省理工学院来的沃尔特·罗斯托则被安排担任邦迪的副手。

毕业于哈佛大学并曾在伦敦经济学院就读过的肯尼迪有一种名校情结。他深信思想、理念具有变革的力量。他的智囊团吸纳了众多美国顶级大学的教授、专家,如除了邦迪、罗斯托以外,还有哈佛大学法学教授阿奇博尔德·考克斯(Archibald Cox)①、哈佛大学经济教授约翰·加尔布雷斯和哈佛大学历史学教授阿瑟·施莱辛格等。肯尼迪相信"没有任何人可以击败智慧"②。超凡的智慧是可以引导美国外交的。在肯尼迪看来,"思想、理念就是工具"③。在肯尼迪所任命的重要官员里,包括15个罗兹奖学金获得者在内的学术界人士所占的比例比历史上任何一届政府都高。据说,肯尼迪任命的官员所写的书,比总统在四年任期内以每分钟

---

① 阿奇博尔德·考克斯,肯尼迪政府的司法部副部长,美国水门事件的检察官。
② Allen J. Matusow, *The Unraveling of America*, New York: Harper Collins, 1994, p. 31.
③ Walt Rostow, *The Diffusion of Power*, p. 126.

1200字的速度所能阅读的书还要多。

不过，肯尼迪班子里的这些学术界人士并非都是闭门造车、纸上谈兵的纯学者。他们中的大多数都有过政府工作的经验。肯尼迪需要的是既能思考又能行动的人。肯尼迪所寻求的人品条件大体上也反映出了他自己所具备的品质：重实际胜于重理论、重逻辑性胜于重意识形态；办事精确干练，勇于创新和改革；以及富有想象力、创造性。

肯尼迪所选的人大多数也拥有同他一样的思想、共同的语言及国家利益至上的理念。他们都富有献身精神，年轻而又经验丰富，能说会道而又温和动听，深信自己能够改变美国的航向。他们对提升美国在全球的势力增长同做学术研究一样拥有极大的热情，并深信政府的干预有助于问题的解决。罗斯托便是其中的典型代表。

对外经济援助在肯尼迪的外交政策中占据着相当重要的位置。对积极倡导并努力推行援外政策的罗斯托来说，在肯尼迪政府中担任要职可谓有了用武之地。罗斯托担任邦迪的副手，成为总统国家安全事务特别助理帮办后，开始置身于白宫行政权力中心，并很快适应了协调美国对外政策这份新工作，成为肯尼迪的重要政策顾问。他同总统国家安全事务特别助理麦乔治·邦迪的关系处理得很好。邦迪和罗斯托有着相似的经历。他在担任哈佛大学文理学院院长一职之前，也在耶鲁大学和军队工作过。他和罗斯托同是肯尼迪智囊团成员，但在处事方式上两人却截然不同：邦迪直接、实际，对意识形态构建持怀疑态度；罗斯托则相反，固执己见，陷在自己编织的理论网里。若干年后，当邦迪因为越南问题同

罗斯托

罗斯托发生争执后,他这样尖刻地评价罗斯托:罗斯托是一个不经事先思考就作决定的人。① 但是在 1961 年初,邦迪和罗斯托还是惺惺相惜的。两人在工作上对一些重要区域进行了分工,邦迪主要负责古巴、刚果和柏林;而罗斯托则更多地关注老挝、越南、印度尼西亚和发展中国家总体事宜。尽管罗斯托是副手,但两个人在工作上基本是平起平坐,尤其是在跟总统接触的机会上更是趋于平等,因为"如果我们用常规的方法工作的话,那我们都会觉得不舒服"②。总的来说,影响苏伊士以西国家的危机由邦迪负责,而有关苏伊士以东国家的事务则由罗斯托负责。罗斯托的许多观点也因此得以影响美国对第三世界的政策。

罗斯托坚信,许多欠发达国家正处在获得足够经济、社会和政治力量以及足够让自己站稳脚跟的自我成长的入口处。他的这一观点不仅直接反映在肯尼迪对第三世界的政策上,而且他还亲自捉刀为肯尼迪撰写演讲稿:"20 世纪 60 年代可能是——也必须是——发展的关键时期,因为许多不发达国家正处于自我成长期……这种多国一致的努力将有助于把新兴的发展中国家的经济带入'正轨'——把它们带入到自我成长阶段。到了这一阶段,外部的特别援助将不再需要……如果能做到这点,那么这个十年将在西方史上意义重大。"③为了让第三世界早日进入自我成长阶段,

---

① Kai Bird, *The Color of Truth*: *McGeorge Bundy and William Bundy*, *Brothers in Arms*, New York: Simon and Schuster, 1998, p. 31.

② Walt Rostow, Oral History, John F. Kennedy Library, Boston, Massachusetts (JFKL), p. 44.

③ Kennedy's Special Message on Foreign Aid, March 22, 1961, NSF, box 325, JFKL.

肯尼迪加大了对国际发展的援助力度,把艾森豪威尔时期(1956—1960)每年援助的 25 亿美元增加到每年 40 亿美元,并开始介入拉丁美洲、非洲、中东和亚洲的地方争斗中。

拉丁美洲在美国第三世界政策中起着样板的作用。在对拉丁美洲的政策上,罗斯托认为美国应尽快推翻卡斯特罗的统治,因为离美国本土只有 90 英里的共产主义古巴的存在会严重损害美国的信誉,而且还会给美国的这些拉丁美洲邻国们树立一个危险的榜样。他督促肯尼迪若用"隐蔽手法"无法去除古巴的共产主义政权,那就必须在拉丁美洲推行类似于欧洲马歇尔计划的大规模发展计划,以使拉美国家免受共产主义的影响,从而避免接二连三地爆发"卡斯特罗式"的革命,因为欧洲复兴计划就成功地把共产主义挡在了西欧之外。为此,美国于 1961 年 3 月向拉美各国驻美大使提议成立"争取进步联盟"。根据"争取进步联盟"的计划,美国将在未来十年向拉美各国提供 200 亿美元的援助,用以促进拉美各国 2.5% 的经济增长率,而这 2.5% 的经济增长率指数就是由罗斯托亲自选定的。

由于同邦迪分工的不同,越南成为让罗斯托大显身手的地方,这也成为让罗斯托日后备受批评和指责的地方。因为在罗斯托的对外政策中,除了秘密行动和扩大对外经济援助这两种方法外,还存在着第三种方法,那就是直接使用武力。而越南则不幸成为罗斯托第三种外交方法的实施地。

深信多米诺骨牌理论的罗斯托强调保持南越和老挝免受共产主义影响的重要性,认为如果这些小国倒向共产主义,那么多米诺骨牌效应就会发生,最终的结果就是东南亚乃至整个亚洲都会变

罗斯托

成共产党国家。虽然自1954年越南人民在抗法战争中取得奠边府大捷,法国结束对越南70年的殖民统治,以及根据1954年《日内瓦协议》北越获得解放起,美国对南越会受到胡志明领导的北越共产党影响的担忧就没有停止过,但在肯尼迪担任总统之前,美国对东南亚的外交包括军事外交主要借助的是《东南亚集体防务条约》,目的是通过该集体防卫组织防止中国和北越势力向南方扩张,并牵制共产主义势力在亚洲的发展。

在整个50年代,罗斯托都不遗余力地向艾森豪威尔游说增加对第三世界的经济援助在全球冷战中的重要性。到了肯尼迪时期,被任命为国家安全事务特别助理帮办的罗斯托更是让肯尼迪在他任期的头一年就相信南越的共产党暴动是他对外政策中最应优先考虑的问题。尽管在1961年肯尼迪面临着诸如古巴、柏林和老挝的严重危机,但罗斯托却成功地把越南变成了美国对外政策中一个引人注目的中心。正如历史学家戴维·凯泽(David Kaiser)所描写的那样:"罗斯托对新的解决方案的不懈追求给了越南较高的知名度。"① 随着越南形势的不断发展,罗斯托也成为肯尼迪政府以及约翰逊政府中对越采取最强硬政策的文职官员:他是建议肯尼迪向南越派遣美国作战部队的第一人,也是主张轰炸北越(后被约翰逊采纳)并对轰炸北越提供理论依据的第一人。他的有关第三世界的理论终于被运用到了美国对外政策中,走向了市场,不再是纸上谈兵了。

---

① David Kaiser, *American Tragedy: Kennedy, Johnson, and the Origins of the Vietnam War*, Cambridge, Mass.: Belknap Press of Harvard University Press, 2000, p. 69.

罗斯托与约翰逊

1963年11月22日肯尼迪遇刺身亡后,副总统约翰逊继任。约翰逊有着较为丰富的外交经验。在担任副总统期间,他就先后访问过25个国家和地区,其中包括南越。他处理问题果断,认为美国对全人类都负有不可推卸的使命,美国外交的首要目标就是要向全世界推广美国模式。他坚信,在国际事务中,美国必须"用行动而不是言语来坚定而明确地反复表明和传递"自己的利益和意图。在对经济欠发达国家的问题上,他有着同罗斯托一样的观点,希望美国对第三世界的经济援助能有助于解决全球的"无知、贫困、饥饿和疾病"[1],从而赢得冷战的胜利。他指责杜鲁门政府没能在朝鲜战场上击败中国军队,批评艾森豪威尔政府制造了"导弹差距"。在1961年5月他作为副总统访问南越时就明确表示,如果美国不坚决有力地在东南亚同共产主义战斗并取得成功,菲律宾、冲绳和台湾等海岛基地就没有安全可言,太平洋将成为"红色的海洋",美国将不得不退守西海岸。在就任总统后,约翰逊更是宣称:"我绝不做让东南亚走中国道路的总统。"[2]越南就成为他履行诺言的国家。

---

[1] Robert Packenham, *Liberal America and the Third World: Political Development Ideas in Foreign Aid and Social Science*, N.J.: Princeton University Press, 1973, p.91.

[2] *Public Papers of the Presidents of the United States: Lyndon B. Johnson*, 1966, Washington, D.C.: Government Printing Office, 1968, p.762.

罗斯托

　　约翰逊对越南的强硬态度与罗斯托不谋而合,罗斯托也因此顺理成章地受到约翰逊的重用。在肯尼迪去世十天后,《纽约时报》刊登了一篇文章,称肯尼迪的人要离开约翰逊。约翰逊致电罗斯托,询问他是否留下来。罗斯托的回复大体是:"你可以相信我。"①1964年5月,罗斯托被邀同另外两名约翰逊的工作人员一起撰写约翰逊有关越南的政策。他起草了总统在东京湾事件后发表的演讲,预示着美国即将轰炸北越,扩大对越的战争。

　　1966年,罗斯托被约翰逊任命为总统国家安全事务特别助理,全面参与美国对外政策的制定,成为总统最信赖的人和最亲密的顾问。

罗斯托与约翰逊总统交谈

　　罗斯托同约翰逊的私人关系极好。他对约翰逊也像对肯尼迪一样忠诚。他给予约翰逊很高的评价,认为约翰逊是他"为之工作过的人中最善解人意的一个"②。而约翰逊则认为罗斯托工作努力,本性善良,积极向上。他们的友好关系一直维持到约翰逊去世。

---

①　Godfrey Hodgson, "Obituary: Walt Rostow," *The Guardian*, February 17, 2003.

②　Walt Rostow, Oral History, Lyndon Baines Johnson Library, Auston, Texas (LBJL), p. 21.

第四章　越战鹰派领头羊

在冷战中阻止共产党游击战的扩大是美国的责任……尤其是在那些处于社会主义阵营边缘的国家,因为它们承受着依靠自己的力量无法承受的(来自社会主义阵营的)军事或半军事压力。

——罗斯托[①]

"罗斯托主义"的出笼

"罗斯托主义"(The Rostow Doctrine),亦称"稳定性军事行动外加经济发展法",是美国在南越使用的最具深远意义的政治、军

[①] Walt Rostow,"Guerrilla Warfare in the Underdeveloped Areas," *Department of State Bulletin* 45, Washington D. C.：Government Printing Office, August 7, 1961, p. 231.

罗斯托

事战略。罗斯托主义把冷战的强硬政策同西方化的经济现代化结合在一起,认为世界在共产主义和资本主义的斗争中停滞不前,双方斗争的结果将取决于发展中的地区。越南就是这场斗争的关键。在罗斯托的指引下,罗斯托主义成为20世纪60年代美国制定对发展中国家政策的主要原则,也成为美国对越南采取干涉和军事行动的主要理论基础。

罗斯托主义的产生有诸多根源:对苏联和中国所进行的冷战的反应、对经济发展所持有的自由化主张、对南越是"民族解放战争"试验场的信念以及"多米诺理论"的影响。所有这些促成了罗斯托主义的诞生。

罗斯托在20世纪50年代末和60年代初先后出版了两本书,即1957年罗斯托和马克斯·米利肯一起出版的《一个提议:有效对外政策的关键》和1960年出版的《经济增长的阶段:非共产党宣言》。此外,他还发表了一篇讲话。那是1961年6月,罗斯托在位于北卡罗来纳州布拉格要塞(Fort Bragg)的美国陆军特殊战争学校里做了日后广为流传的题为"非发达地区的游击战"(Guerrilla Warfare in the Underdeveloped Areas)的演讲。在上述两本书和这次演讲中,罗斯托详细阐述了这一时期美国政策背后的理论基础。

罗斯托认为,世界秩序的前景依赖于发展中地区是否能实现现代化,而这一过程应该同西方化的经济发展等同对待。他进一步指出,这些地区在通往现代化的道路上充满了各种危险,尤其是共产党支持的游击战。他建议,美国应派"飞机、直升机、特种兵、民兵教练等"去越南帮助抵抗在那里发生的游击战。① 他在布拉格要塞对军官们说:"共产党是现代化进程中的清道夫……共产主义是现代化转变中的一种弊病……我们决心帮助人们摧毁掉这种国际弊病。"②

罗斯托 1961 年加入到肯尼迪政府中时,已经是一个有关第三世界政治经济理论的著名学者。而现在作为决策层的一员,罗斯托决定要按照其现代化理论重新构建美国对第三世界国家的对外政策。在 1961 年国务院政策文件中,罗斯托写道:随着新兴的、"真正独立"的国家的出现,"每个国家都将被允许改变成它想要的那种现代化社会"。"如果这一独立进程在随后若干年或几十年内得以维持,那么这些国家将选择我们称之为的民主开放的社会。"美国"准备为之冒险"③。虽然在当时连中立国家都不愿接受的美国,是否会承认罗斯托所说的"真正独立"的国家很值得怀疑,而且美国也像苏联一样并没有在这些国家的"独立进程"中做一个旁观者,尤其是担心这些国家在独立进程中会倒向共产主义,美国当然更不会放弃对第三世界独立进程的控制。但对罗斯托来说,发展中国家的现代化进程十分重要,而对这一进程的控制就体现在

---

① Rostow Note to McNamara, June 5 1961. Gravel ed., *The Pentagon Papers*, Boston: Beacon Press, 1971, Vol. II, Chapter 1.

② Lawrence E. Grinter,"How They Lost: Doctrines, Strategies and Outcomes of the Vietnam War," *Asian Survey*, XV, No. 12 (December 1975), p. 1124. 在这篇文章中,格林特(Grinter)坚持认为"罗斯托主义"是美国干涉越南问题的主要基本理论(p. 1123)。他忽视了罗斯托本人在美国决定扩大越南战争的问题上所起的重要作用。

③ Rostow paper, August 15, 1961. 引自 Andrew Preston, *The War Council: McGeorge Bundy, The NSC, And Vietnam*, Cambridge: Harvard University Press, 2006, p. 77。

罗斯托

越南。

根据罗斯托的理论,发展中国家的现代化努力通常是跟共产主义影响格格不入的。西方国家和当地共产主义运动的冲突最终会导致游击战的爆发。而美国的任务就是要在所有地方反对共产主义的游击战,只要这种游击战威胁到美国及其盟国的利益。罗斯托认为,军事干涉和现代化理论相结合可以让华盛顿阻止莫斯科继续在亚洲、中东和非洲执行它的"大棒与胡萝卜政策"。反游击战的成功取决于是否在发展中国家实行诱人的政治和经济一体的政策。

换言之,罗斯托认为,现代化过程就是新旧社会交替的过程。在这新旧社会交替的过程中一定会引起各种动荡,而这些动荡会被共产党利用来制造"叛乱"。

在罗斯托的眼中,越南就是一个让共产党十分关注的"最脆弱国家"。在那里,美国应该采取战略军事行动和现代化理论相结合的策略来对付共产主义的游击战,即进行反暴动的有限战争。

罗斯托主义忽略了各有关国家的内在复杂性和独特性,抹杀了当时的"叛乱"运动如越南南方革命、老挝内战等的独特成因及它们的某些共同成因(如首先是外国势力或其支持下的反动专制集团的肆意压迫或其他倒行逆施),将这些具体性质和状况颇多不同的运动几乎混为一谈,然后证明美国必须要实行"反叛乱"的"非正规战"式的军事征伐。

罗斯托的这种理论被许多越战支持者所接受,包括肯尼迪和约翰逊总统。1964 年至 1968 年在南越的美国指挥官威廉·威斯特摩兰将军(General William Westmoreland)就曾这样表达了他对罗斯托理论的看法:"如果我们不坚定不移(地面对共产主义在越南的挑战),那我们今后将会面临数不尽的具有同样性质的战争。"①

罗斯托的理论很快就被用到了实践中。1961年1月27日,即肯尼迪上台后的一个星期,邦迪就召集了新政府有关越南问题的第一次部长级会议,讨论爱德华·兰斯代尔将军(Edward Lansdale)近期访问南越后递交的报告。这份报告肯尼迪在罗斯托的坚持下已经看过,而且他还在看完报告后对罗斯托说:"这是我们遇到的最坏的情形,是不是?"在会议进程中,肯尼迪还问及"游击队的力量是否会在越南增长……我们如何改变士气,如何在北方作战,如何开始行动"②等问题。邦迪在写给国务卿腊斯克和国防部长麦克纳马拉的会议通知里说,肯尼迪"对越南的关注"就是"因为他对兰斯代尔将军的报告很感兴趣,也是因为他意识到这个国家的重要性"③。在1961年美国面临诸如古巴、柏林、老挝和刚果等地严重危机的情况下,肯尼迪还能特别关注到越南问题,罗斯托可谓功不可没。

在肯尼迪的要求下,会议决定在各部门之间组织一个特别工作组赴越南了解那里的危机状况并给出可行的建议。

兰斯代尔将军在报告中告诫美国"共产党把1961年当做他们

---

① General William C. Westmoreland,"Progress Report on the War in Vietnam," *Department of State Bulletin*, Vol. LVIII, No. 1485, December 11, 1967, p. 785.

② Record of meeting, January 28, 1961, *FRUS, 1961—1963*, I, *Vietnam*, 1961, pp. 13—15.

③ Lansdale to Gates, January 17, 1961. *United States-Vietnam Relations, 1945—1967*, Book II, Washington D. C., 1971, pp. 1—12.

罗斯托

最重要的一年",而这一观点同罗斯托的地缘政治说不谋而合。于是,如何阻止共产主义浪潮的出现就成为罗斯托在1961年全身心投入的工作。很快,罗斯托就成为肯尼迪政府中在东南亚问题特别是在越南问题上的最强硬派。他告诉肯尼迪美国军队不仅应该投入到越南的冲突中,而且应该随着在南越危机的升级而加大投入。美国第一步要做的是秘密的军事援助,然后是扩大的半公开的干预,最后是美国军事力量直接参与的公开的有限战争。针对1960年年底在越南领导全国革命的民族解放阵线的成立,罗斯托建议肯尼迪使用第一阶段秘密军事援助的方法进行抗击。"美国军事直升机及中央情报局和特种部队的配合""有助于我们在越南组织有效的反击"。为了引起肯尼迪的重视,罗斯托甚至用到了肯尼迪"做总比不做好"的名言:"我们必须设法运用我们在越南问题上还没用到的反游击战的宝贵财富。""只发展这些能力而不去在关键场合使用它们是不对的。"他建议总统下命令对越南问题进行"紧急"的高层人员的评估。[1]

肯尼迪显然接受了罗斯托对越南问题进行评估的建议。1961年4月20日,由国防部副部长罗斯威尔·吉尔帕特里克(Roswell L. Gilpatric)直接领导的八人总统特别工作组成立。罗斯托作为白宫和国家安全委员会的代表参与其中。该特别工作组的目标非常简单,那就是"就共产党对南越所施加的影响和压力进行反击,并保持一个强大、自由的南越"。4月26日,特别工作组得出如下结

---

[1] Rostow to Kennedy, March 29, 1961, and Rostow to Kennedy, April 3, 1961, NSF/CF/VN, Box 193, JFKL.

论：为确保一个非共产党的南越的安全和稳固，美国需要大量投入。①

罗斯托对此结论十分满意。实际上该结论部分就是罗斯托的观点。然而，尽管如此，在某些方面，罗斯托还觉得不尽如人意。因为他发现在特别工作组的结论中并没有格外强调南越西贡和美国华盛顿所面临的问题的严重性。他认为美国人民应该在心理上做好战争准备。他强调："我们的社会必须明白，在我们需要团结、自信和决心来面对一场持久战之时，也是对我们意志的最大考验。""美国对越南独立所承担的义务是美国最重大的义务。"罗斯托提醒肯尼迪："如果东南亚的形势恶化，它将影响整个美国的对外政策。"②根据罗斯托的观点，越南的国家安全是同美国利益捆绑在一起的。如果美国人民没有意识到这一点，那就需要让他们意识到。

正是在1961年春季罗斯托才开始意识到，仅靠现代化来保护南越的独立是远远不够的。他不再像以前关注共产主义的"根除"和秩序的建立那样关注南越的政治和社会。当然，南越的政治和社会经济状况对罗斯托来说依然很重要，但它们在很大程度上取决于国内的安定。在罗斯托看来，越南共产党的力量来源于苏联和中国的支持，所以美国也应该像苏联和中国那样给予南越支持。

---

① Editorial note, *FRUS*, 1961—1963, Ⅰ: 74; "Presidential Task Force Program," April 22, 1961, *FRUS*, 1961—1963, Ⅰ, *Vietnam*, 1961, pp. 74—75; Gilpatric to Kennedy, May 3, 1961, plus attachment, May 1, 1961, *FRUS*, 1961—1963, Ⅰ, *Vietnam*, 1961, pp. 92—115.

② Rostow to Kennedy, May 6, 1961, and Rostow to Kennedy, May 11, 1961, both in NSF/RSS/SEA, Box 231, JFKL.

罗斯托

越南"地面形势如此糟糕,我真看不出来外交手段会起什么作用"①。正因为对越南形势有如此看法,罗斯托才又一次推动美国军队进驻越南,最初是以顾问团的形式,而后如果形势需要,就以常备军的形式。②

但是,在国家安全委员会内部出现了不同的声音。负责东南亚事务的罗斯托的主要助手罗伯特·约翰逊(Robert Johnson)对特别工作组做出的结论提出了质疑。他在写给罗斯托的备忘录中说,报告中"并没有包含一个对南越清晰的政治行动的方案"。与罗斯托不同,约翰逊觉得报告太精于军事行动的方案,而对基本政治改革则只字不提。他怀疑:"我们是否对我们长期的政治目标同对短期的政治目标一样清晰?我们是否为了实现短期目标而对长期目标给予了足够的重视?"在约翰逊看来,最重要的是,报告中没有提及要"加强农村的政治组织"以及"加强农村和西贡的中央政府的政治联系"。"难道越南政府(南越)只是一个'专注于抵抗共产主义侵略'的政府吗?"③

邦迪也对报告表达了同样的疑虑。针对这种情况,肯尼迪最信任的顾问之一西奥多·索伦森(Theodore Sorensen)在征询了邦迪的看法后向肯尼迪表示:"我们需要一个更现实的期待。"他表示只有在确保南越是一个非共产党国家、南越政治和社会经济改革

---

① Michael Cannon, "Raising the Stakes: The Taylor-Rostow Mission," *Journal of Strategic Studies* 12, June 1989, p. 128.

② Rostow to Kennedy, May 10, 1961, *FRUS, 1961—1963*, Ⅰ, *Vietnam*, 1961, pp. 131—132.

③ R. Johnson to Rostow, April 28, 1961, NSF/CF/VN, Box 193, JFKL.

是南越国内安全和军事形势改观的先决条件这两个最"基本概念"得到保证的前提下,特别工作组的报告才可以被批准。他强调:"没有一个例子可以说明一个国家可以被他人拯救,除非它自己救自己。……我们不要越南倒下……我们坚持(政治和社会经济改革)的主要目的不是为了节省美元,而是为了救越南。"①

其实仔细分析不难看出,不论是约翰逊还是邦迪都不反对对越南的介入,只不过他们更多地强调政治改革要优先。但是罗斯托对他们的看法表示反对,因为他担心南越在军事安全不能保证的前提下,政治和社会经济改革将难以进行。最后,国家安全委员会达成了一致,那就是美国对非共产党的南越要承担义务,而且这种义务是必需的、不可改变的。除了罗斯托以外,所有成员都同意政治上的考虑和军事行动同等重要,虽然它们在使用的手段上存在差异。

肯尼迪在5月初批准了国家安全委员会讨论过的特别工作组的绝大部分议案。邦迪经过整理后于5月11日进行了颁布。一个星期后,国务院就把该政策下达给美国位于西贡的大使馆。巧合的是,就在邦迪颁布对越政策之日,副总统林登·约翰逊到了西贡。国务卿腊斯克对美驻南越大使说,这"象征着我们对吴庭艳总统的大力支持"。约翰逊在离开西贡后,还去了菲律宾、台湾、香港、泰国、印度和巴基斯坦,但是南越无疑是约翰逊最重要的行程。因为此行约翰逊有一个重要任务,那就是受肯尼迪之托,转达美国"准备在赢得抗击共产主义的斗争中以及在推进越南社会和经济

---

① Sorensen to Kennedy, April 28, 1961, NSF/CF/VN, Box 193, JFKL.

罗斯托

的发展上(同南越)站在一起"①,让吴庭艳放心,"让越南人民放心",尽管美国在老挝和古巴遇到了挫折,但是美国"将在抗击共产主义的斗争中继续坚定地同他们站在一起"。约翰逊访问南越的这两个目的自然是达到了,因为他的访问本身就说明了美国的态度,加强了南越政府对美国的信任。

其实,约翰逊副总统访问南越就如同特别工作组一样,也多半是罗斯托的功劳。早在3月,罗斯托就曾向肯尼迪建议:"吴庭艳可能要来拜访你;或者也许副总统可以去看望他,如果那里的形势让吴庭艳不能脱身的话。"4月,罗斯托再次提及此事:"办妥越南"的一个好方法就是"让副总统近期访问越南"②。正如罗斯托所设想的那样,特意被设计成美国对南越拥有义务的特别工作组的调查和约翰逊的访越,确实起到了美国初期对越政策的基准点的作用,因为它们标志着美国已经做出了某种决定。

随着南越局势的不断恶化,1961年夏,罗斯托开始督促肯尼迪从根本上解决南越问题。他坚持美国应采取两种措施:一种是在国际上展开反对北越的宣传攻势,另一种是对北越以及南越的"暴徒"采取直接的军事行动。前一种措施显然是为后一种的直接军事干预扫平障碍。

在国际上展开的宣传攻势即揭露河内策划的颠覆南越的阴

---

① Lyndon B. Johnson, *The Vantage Point: Perspectives of the Presidency, 1963—1969*, New York: Holt, Rinehart and Winston, 1971, p.53.
② Rostow to Kennedy, March 29, 1961, and Rostow to Kennedy, April 12, 1961, NSF/CF/VN, Box 193, JFKL; Rostow to Kennedy, April 15, 1961, *FRUS, 1961—1963*, Ⅰ, *Vietnam*, 1961, p.72.

谋,这项工作罗斯托寄希望于 1954 年根据《日内瓦协议》成立的旨在监督印度支那和平的国际监督委员会。该委员会由印度、波兰和加拿大组成。但实践证明这个委员会极不稳定且效率低下,根本无法完成华盛顿的这一任务。因此,罗斯托主张由美国承担起这一任务,在政治上、外交上,直至最终直接的军事干预。他确信这些手段不会让受北越共产党支持的冲突合法化,从而可以有效地破坏北越共产党的军事战略。

罗斯托首先同泰勒和国务院的亚历克西斯·约翰逊(U. Alexis Johnson)商讨此事。罗斯托建议此项工作由华盛顿挑头,或者由西贡发起。他还告诉印度和加拿大驻美大使:如果需要,美国将单方面揭露北越在越南"暴乱"中的真面目。他甚至要求罗伯特·约翰逊利用他跟国务院的关系把此事公布于众。在强调外交攻势的重要性的同时,亚历克西斯·约翰逊提醒道:"任何宣传策略都将面对各种可能的军事反应……不同的宣传效果只有在不同的环境下才能取得。"[①]他的话从一个侧面反映了美国国家安全委员会在罗斯托的引导下,当然也是在邦迪的共同作用下,正在商议采取美国在越南军事干预的策略。邦迪在随后同肯尼迪和腊斯克的会议中进一步阐明了这一点:"另一个相关的因素就是国际舆论对越南局势的看法。如果世界各国了解在越南发生的事实真相,那将有助于我们改善我们的处境。尤其是当国际舆论知道我们对北越的行动是因为北越反对吴庭艳的政权时,那我们的进攻就不会受到

---

① Memcon, June 30,1961, *FRUS*, *1961—1963*, Ⅰ, *Vietnam*, 1961, p.192.

罗斯托

谴责。"①

从上文不难看出,邦迪和罗斯托都希望要展开政治、外交攻势,但他们只是希望利用政治外交攻势来达到最终的军事干预的目的。早在6月,罗斯托就说过对北越的"军事威胁"策略是作为不让北越对南越"暴乱"进行支持的工具。这些威胁并不是一些可有可无的举措,因为如果美国不认真执行,北越就会认为美国是吓唬人的。罗斯托认为对北越的军事行动还将有助于美国其他外交政策的实施。他对腊斯克说,美国"不可能取得像老挝问题那样令人满意的谈判结果,除非对方相信,为了取得满意的结果,我们已经做好战争的准备"。他向腊斯克保证:"对北越更直接的姿态也是一种外交劝诱。"罗斯托更是利用当时的柏林危机劝说肯尼迪接受他的建议。他对肯尼迪说,如果总统愿意"升级苏美战争威胁"的话,那么柏林危机和越南冲突就会相互作用,形成对美有利的局面,因为美国在越南的坚定立场将会加强美国在柏林危机中的坚定立场。美国"将会告诉莫斯科、北京、河内和世界其他社会主义阵营的国家,对吴庭艳政府的扩大进攻将会导致在北越境内的直接反击。而这将需要利用解决老挝问题的日内瓦会议或者联合国将北越的侵略行为呈现出来,以引起人们的注意,这样铲除侵略祸根的问题也就呈现在世界面前"②。

在罗斯托看来,越南已经成为美国其他外交政策成败的关键,

---

① Memcon, July 28, 1961, FRUS, 1961—1963, Ⅰ, Vietnam, 1961, p. 254.

② U. Johnson to Rostow, July 8, 1961, NSF/RSS/SEA, Box 231, JDKL; Rostow to Rusk, July 13, 1961, FRUS, 1961—1963, Ⅰ, Vietnam, 1961, pp. 206—207; Rostow to Kennedy, June 26, 1961, NSF/CF/Germany, Box 81A, JFKL.

是美国对外政策中的重中之重,因为在越南采取的行动会促进美国在其他地方如柏林、古巴问题的圆满解决。可是南越局势如此的不稳定,"越南需要我们朝着正确的方向猛推一把"①。这一正确方向无疑就是加强美国对南越的军事干预。

到 1961 年夏末,罗斯托完全放弃了解决越南问题的任何政治或外交手段。从印度支那撤出不可能;美苏及其盟国就老挝问题在日内瓦的谈判看上去也不成功;受北越支持的老挝左翼民族主义集团巴特寮又要恢复对首都万象的欲望。所有这些让罗斯托不胜担忧。他问总统:"接下来又会发生什么?"并建议:"我们必须尽快确定我们的行动,好让对手知道我们是非常认真的。"他告诉吴庭艳和其他东南亚国家的非共产党领袖,"只有美国的领导和美国的最终保证才能把这些整合起来"②。10 月初,罗斯托加大了对肯尼迪采纳自己建议的影响,并暗示总统他的观点是得到政府内大多数人的支持的。在给总统的备忘录中,他提出对越南问题的三个策略:首先是直接告知苏联停止所有对南越的共产党的颠覆活动;其次是开展反对越南民主共和国的宣传运动;最后在南越易受攻击的边界地区部署美国和盟国军队。他在备忘录的结尾处还提到了绥靖政策的危害,呼吁"如果我们现在就进入(越南),那我们所花的代价……要比我们只是等待小得多"③。

---

① Rostow to Kennedy, July 21, 1961, and memcon, July 19, 1961, NSF/RSS/SEA, Box 231, JFKL.
② Rostow to Kennedy, August 17, 1961, NSF/RSS/SEA, Box 231, JFKL.
③ Rostow to Kennedy, October 5, 1961, FRUS, 1961—1963, XXIV, Laos Crisis, p. 445.

罗斯托

1961年被任命为总统国家安全事务特别助理帮办的罗斯托,很快就被认为是美国政府中最狂热的冷战斗士。切斯特·鲍尔斯(Chester Bowles)这样评价罗斯托:"他是'军国化自由派'的典型代表。"① 约翰逊时期任国防部长助理和空军副部长的汤森·胡普斯(Townsend Hoopes)进一步证实罗斯托是"美国政府决策层中最真诚的反对共产主义的理论家和忠实信徒"。他同时指出,罗斯托是一个充满想象力和笔锋犀利的理论家,但是他只会接受那些对他的观点有利的数据。② 总统国家安全事务特别助理邦迪则这样评价他曾经的助手罗斯托:"他绝对是一个永不休止"的无情的主战派人士。他的"世界观……总是完整的、立体的、生动的,但同时也是错误的"③。

泰勒-罗斯托使命

从杜鲁门时期对越南问题的最初卷入到1965年的全面卷入,美国经历了许多重要的转折点。泰勒-罗斯托使命及其报告可谓是最重要的事件。1961年10月11日,肯尼迪派遣马克斯韦尔·泰勒(Maxwell Taylor)将军和罗斯托一道前往南越实地考察,评估那

---

① Chester Bowles, *Promises to Keep: My Years in Public Life, 1941—1969*, New York: Harper and Row, 1971, p.345.

② Townsend Hoopes, *The Limits of Intervention: An Inside Account of How the Johnson Policy of Escalation Was Reversed*, pp.20—21.

③ Gordon Goldstein interview with McGeorge Bundy, September 22, 1995, pp. 2—3. 引自 Gordon M. Goldstein, *Lessons in Disaster: McGeorge Bundy and the Path to War in Vietnam*, New York: Henry Holt & Company, 2009, p.39。

里的局势,并提出对策。他们在递交给总统的报告中指出,美国在不派遣军队参与当地冲突的情况下应该给予南越大量的军事援助和支持。该报告成为美国1965年前对越政策的指导方针。虽然报告中最具特色且最有争议的部分——以抗洪赈灾的名义派遣8000名美国士兵到南越没有被采纳,但报告更具影响力的是它把美国的决策者分成了三派:主张派兵的极端强硬派,主张美国应卷入但至少现在最好不派兵的温和强硬派,以及只主张通过外交方式解决越南问题的鸽派。最终的结果是鸽派被孤立,极端强硬派和温和强硬派的主张占了上风。

泰勒-罗斯托使命的一个原因是越南南方民族解放阵线在1961年9月同南越共和国军的战斗中取得了胜利。南越总统吴庭艳请求美国跟他签署一个双边防御条约。而另一个原因则是罗斯托的努力。早在1961年春季泰勒①就任肯尼迪总统军事代表不久,罗斯托就督促肯尼迪派泰勒考察东南亚。整个夏天,罗斯托和泰勒都在强化肯尼迪对东南亚的政策。7月,罗斯托和泰勒联合向肯尼迪递交了一份针对越南问题的备忘录。在这份备忘录中,他们提出解决越南问题的三种方案。实际上,为了能让肯尼迪采纳他们的方案,他们故意把另两个总统显然会拒绝的极端方案一同写进了备忘录。其中一个方案是美国"尽可能优雅地从这一地区脱身",从而遭受灾难性的战略损失。罗斯托和泰勒把这一方案描述为不能接受的方案。另一个方案是建议华盛顿"找到一个合适

---

① 马克斯韦尔·泰勒将军,1961—1962年任肯尼迪总统军事代表,1962—1964年任参谋长联席会议主席,1964—1965年任美国驻南越大使。

罗斯托

的政治借口,然后进攻位于河内的发动侵略的共产党大本营"。但是这个方案有迅速扩大越南国内冲突以及同中国进行潜在战争的风险。这样就剩下了一个既可以减少美国战略利益的损失又可以降低美国所面临的风险的折中方案,也是他们极力希望总统采纳的方案。这个方案的内容是美国"尽可能在这一地区建立自身的军事、政治和经济力量,以便能阻止河内的进攻,同时如果中国卷入或出现其他失控的局面,当地力量可以和美国军队一道作战"。备忘录中还特别强调:"我们认为,第三种战略是美国政府应该采取的。"①

副国务卿帮办亚历克西斯·约翰逊更是在 10 月 11 日的白宫会议上提议美国组建一支有 11000 人参加的战斗部队。权衡利弊后,邦迪也建议美国应尽早采取重击的军事行动。

一些高级官员发出的美国应对越南采取军事行动的呼吁,肯尼迪并没有马上采纳,而是下令先就军队的组成和规模进行全面的考察,以期一旦美国军队卷入越南战争,其所造成的战争局势不仅能在军事上对美国有利,而且也能对可以采取这个军事行动的外交环境有利,同时对南越抗击共产主义的斗争正式给予进一步公开和隐秘的支持。

向西贡派遣高级别的代表团是美国对南越做出保证的一种方法。副总统约翰逊的访问显而易见起了作用,但对罗斯托来说还不够。罗斯托认为美国有必要再派遣一支代表团以进一步巩固美国和南越的关系,尤其是当这个代表团的团长是由一个军方官员

---

① *FRUS*, *1961—1963*, Ⅰ, *Vietnam*, 1961, p. 248.

担任的时候。受人尊敬的泰勒将军当然是这一使命的不二人选。

罗斯托坚信1961年的秋季对美国来说将是"现在或永远不"的一个时期。刚从中央情报局远东专家转换成国防部副部长助手的威廉·邦迪也极力赞同这一观点。他认为,如果美国快速地采取咄咄逼人的行动,那美国将有70%的机会"清理那里的局势",30%的机会"像1954年的法国那样结束在越南的使命。白人是赢不了这样的战争的"①。肯尼迪总统的军事代表、私人军事顾问马克斯韦尔·泰勒将军也主张应对东南亚采取军事行动。

1961年10月11日,肯尼迪终于授权泰勒和罗斯托前往越南。泰勒和罗斯托越南之行的目的是要考察美国向越南派兵的可行性。他们要对形势日益恶化的南越进行调查,并考虑美国是不是应该派作战部队前往越南。肯尼迪还特别强调他们此行还要观察美国需要派什么样的军队的问题。因为在当时肯尼迪有两种选择:一种是往越南派遣不超过22800名的战斗部队(美国参加东南亚条约组织的军队总人数)。虽然这个数目不多,但足以显示美国在越南的存在。另一种选择则是战争越南化,即美国增加对越南军队的训练以及武器的提供,尤其是直升机和一些轻型飞机、卡车和其他地面交通工具。

然而,"泰勒使团"赴越的消息两天后即10月13日就被媒体曝光,说成是美国有可能往南越派作战部队。肯尼迪对此亲自辟谣:"五角大楼的军事领导们,包括泰勒将军在内,没有人愿意往东南

---

① Ralph L. Stavins, "A Special Supplement: Kennedy's Private War," *The New York Review of Books*, Vol. 17, No. 1, July 22, 1971, http://www.nybooks.com/articles/10494.

罗斯托

亚派遣美国作战部队。"虽然《纽约时报》及时做出了澄清,说明"五角大楼对这一地区的计划是加强当地部队反共产党游击战的重要性,也许还包括美国对这些部队的训练和武装,但绝不是派美国部队去代替当地部队"①,但是泰勒和罗斯托却是从一开始就抱着如何把美国地面部队引进越南的这一目的去执行总统的任务的。

泰勒和罗斯托使团在去越南的途中在夏威夷做了停留。他们同美国太平洋司令部总司令费尔特上将(Admiral Felt)就有关问题进行了讨论。罗斯托询问费尔特上将,一旦同北越公开爆发战争美国的一些应急计划,尤其是核武器的使用问题。费尔特上将回答:"在下面的假设情况下有应急计划,那就是如果是必需的话,可以使用战术核武器。如果行动发展到第四阶段(即北越和中国进攻南越),我们可以提前要求使用战术核武器。"

到了越南以后,泰勒和罗斯托便开始探索引入美国地面部队的方法。他们断定吴庭艳需要美国来保护他的统治,但他们也知道美国若这样做将会损害美国作为和平维护者的形象。于是他们思考如何让美国进行战争而看上去却是在保护和平。正在此时,越南突遭洪水,就像是老天在帮助他们:美国士兵可以出于人道主义被派往越南,解救越南于洪水而不是越共。这是对付世界舆论最有效的方法,同时更重要的是这个计划内含了一个撤军的借口。肯尼迪对派兵到越南一直犹豫不决,因为他相信撤军远比派兵要难得多。而针对这样的机遇,泰勒写信给肯尼迪说:"由于这次任

---

① Pentagon Papers, Vol. 2, p. 82. 引自 Gordon M. Goldstein, *Lessons in Disaster: McGeorge Bundy and the Path to War in Vietnam*, p. 57。

务是具体的,所以当任务完成后,如果我们愿意,我们可以撤出我们的部队。如果我们愿意在那里停留更长时间,我们则可以让部队进行其他活动。"①为了让这一建议更具说服力,他还在信中写道:我们在南越进行的为期十天的讨论结果是,"部长们、国民议会的议员们、大学教授、学生、店主和反对派人士"都"一致渴望"美国部队的援助。②

泰勒和罗斯托对南越考察最后得出了如下的结论:

(1)美国对目前(越南)危机的快速反应不应停留在口头上,而应采取行动。美国应当承担义务去拯救越南而不是以最便捷的方式脱身。为了使这种义务具有说服力,美国必须向越南派遣一些军队。

(2)美国同越南的关系应该从提供建议转向有限的伙伴关系。目前南越战争的性质和规模表明只有越南人才能击败越共,但是美国要作为南越的朋友和伙伴而不是武器和兵种顾问,全方位地展示给南越应该怎样做,而不是告诉他们怎么做或直接替他们做。

泰勒将军在他发回的信中写道:

> 根据我和同事的判断,美国必须决定它将如何对付赫鲁晓夫的"解放战争"。这种战争是以游击队入侵的方式进行的。这是共产主义一种全新的危险的手法。它躲

---

① Ralph L. Stavins,"A Special Supplement:Kennedy's Private War," *The New York Review of Books*,Vol. 17,No. 1,July 22,1971,http://www.nybooks.com/articles/10494.

② Telegram from the Embassy in Vietnam to the Department of State,October 31,1961,*FRUS,1961—1963*,Ⅰ,*Vietnam* 1961,p. 456.

罗斯托

过了我们传统的政治和军事反应。虽然最后的答案远不是我这篇报告所能给的,但是对我来说非常清楚的一点是:当我们必须宣布对北越的游击队侵略进行反击的时候,当我们要让河内政府为它给南越造成的损失买单的时候,美国同东南亚发生关系的时候就到了。

关于军队投入的人数设想是6000—8000人的强大特遣部队。它由后勤人员组成,虽然主要目的是鼓舞民心,但是一旦为了地区安全而必须自卫的话,他们又可以进行战斗……①

泰勒和罗斯托认为,这一小股特遣部队同南越政府合作不仅可以警告河内,而且也会扭转南越正在走下坡路的趋势,激励其进攻热情并树立民心。当然在罗斯托看来,真正的转折点应是反击行动。

阻止北越对南越的"侵略"、鼓励南越抗击北越成为贯穿越南战争的美国策略。这个在1961年发生的争论到1965年华盛顿决定对越南北方实施大规模持续轰炸的"滚雷行动"时还在进行。然而到1965年夏季,提高南方士气已经不再被看做是赢得这场战争所必需的因素。美国派遣第一批50万战斗部队的决定足以让共产党相信美国对越战的认真态度。

当然,这一策略的设计师——泰勒和罗斯托也从没有把这6000—8000人的特遣部队看做是最后的决定。这只不过是他们为

---

① Geoffrey Warner,"The United States and Vietnam 1945—65, Part II: 1954—65," *International Affairs*, Vol. 48, No. 4, October 1972, p.601.

河内领导人所准备的第一个教训而已。这个策略的一个主要前提是：只有河内知道了美国准备直接进攻它，否则它不会放弃原有政策。所以这个策略含有升级的因素。事态将按照单一的但却是自然的顺序发展：美国增加援助南越部队的人数；制定针对北越的秘密行动；威胁轰炸北越；轰炸北越；尽快往南部调遣大量美国作战部队；等等。

美国除了要公开它直接进攻越南北部的计划，还要保证北越不被消灭。威胁摧毁河内的共产党政权会冒着直接遭遇中国和苏联的危险，而这种危险是美国国家安全负责人们希望避免的。他们不希望进行核战争，他们希望进行一场安全的战争。因此，这个策略把"升级"与"适度"结合起来。

肯尼迪总统对泰勒和罗斯托的提议并不十分热情。他在11月初对施莱辛格说："他们要一支美国军队。他们说这是恢复信心、维持士气所必需的。但这将会像柏林一样。军队进入城市，乐队进行演出，人群发出欢呼，可四天后人们就会把这些忘记。然后，我们被告知要派更多的军队。这就好像在酗酒。当酒性逐渐消退的时候，你必须再喝一杯。"①

肯尼迪政府对是否派兵到越南一事如此小心还有另外的原因，那就是有关老挝的日内瓦谈判正处于一个敏感阶段。如果这时美国军队进入越南，将会打乱日内瓦谈判。一份特别国家情报评估发出警告说，美国若加强其对越南的卷入，那北越对此的反应

---

① Arthur M. Schlesinger, Jr., *A Thousand Days: John F. Kennedy in the White House*, p. 547.

罗斯托　将是增加对越共的渗透性支持。国务卿腊斯克也对此提议心存疑虑。他认为有一个问题美国应给予特别的关注,那就是(南越)吴庭艳政府是否已准备采取必要的措施让美国觉得他值得支持。"如果吴庭艳不愿意相信军事指挥官们能做好这件事,如果他不愿意采取措施把非共产主义因素巩固成国家要为之努力的目标,那我们将很难看出一小股美国部队能取得决定性的影响。"①

担心两面作战也是肯尼迪的顾虑之一。此时,柏林危机正在恶化,如果美国派兵进入越南可能使美国面临两线作战的风险。

出于这些考虑,肯尼迪否决了泰勒和罗斯托往越南派遣具有战斗性质的后勤特遣部队的提议,但是他接受了报告中提出的另一个建议,即美国同越南的关系要从提供建议转变为有限的伙伴关系。②

所谓有限伙伴关系,是要美国在南越的官僚机构里安排一定数量的美国人,具体可分为四个不同等级:首先是政府高级顾问,他们被安插在南越政府的主要部门里,成为吴庭艳政府的内阁官员;其次是派往省级部门的美国人员,他们和南越在省级层面上对三军进行联合的军事观察,包括情报、指挥和管理、为进攻而进行的后备军的建设,并在军事指挥官和省长之间进行调解等;另外两个等级的美国人员分别参与边界控制行动和同越南中央情报组织进行密切联系。

---

① Geoffrey Warner, "The United States and Vietnam 1945—65, Part Ⅱ: 1954—65," *International Affairs*, Vol. 48, No. 4, October 1972, p. 601.

② 肯尼迪的这一决定被写进1961年11月22日的《第111号国家安全行动备忘录》中(National Security Action Memorandum No. 111, November 22, 1961)。

美国人员在南越政府中担任要职,其表面目的是如果美国人同越南人肩并肩地一起工作,那么越南在各个领域都会取得十足进步。泰勒认为,这些行政部门的变化就代表了"美国从提出建议到有限伙伴关系的转变"。实际上,"有限伙伴关系"这一概念的提出意味着美国政府认为南越政府在过去忽视了自身的改革,所以现在美国要接管对南越政府进行的改革。只有当地面有美国的地面部队、空中有美国的飞机控制着、城市和省里有美国的文官管理着的情况下,越南才会被改造。

针对吴庭艳,泰勒和罗斯托认为越南行政部门的这些变化可以使这个当地的统治者不再成为改变的发起者。他不用做任何事,只要不去捣乱就行。他的角色纯粹是保管性质的。他的任务就是把事情聚在一起。他在行使这一职责时就为美国地面部队的进入建立的平台。吴庭艳的义务就是要作为外国军队的官方迎接者。在国内,他是看门人;在国外,他是一系列仪式的主持人。换句话说,美国要把吴庭艳变成一个空架子,一个可以被美国利用、一切听从美国安排的傀儡人物。

综上所述,美国要同越南建立的"有限的伙伴关系"实质上就是美国控制越南。

当然,这只是泰勒和罗斯托单方面的想法。事实是,吴庭艳既不可能在国内起到一个保管员的作用,也不可能在国外起到一个仪式主持人的作用。到1961年,他的追随者的数量开始比美国往越南增派的人员减少得快得多。如果美越间的这种比例继续下去的话,那么美国军队进入越南的平台将不复存在。可是这种情况在当时(1961年)并没有被华盛顿清楚地认识到。

罗斯托

在当时被清楚地认识到的是吴庭艳在美国的公众形象。从肯尼迪的观点出发,如果美国军队被派往越南,那么越南的领导人应该是被美国人民所接受的。对肯尼迪否决派兵去越南,有一种解释是:吴庭艳缺乏可以获得美国地面部队所需要的形象。

肯尼迪曾这样评价说:"不管是对是错,他(吴庭艳)的政体被国外以及美国广泛批评。如果我们给予大量支持,我们必须是要面向真正的行政、政治和社会改革,以及真正努力去扩大它的区域,这样才能给美国人民和世界舆论以最大的信心。我们的努力不是要给一个不受欢迎的或者是工作效率极低的政体以支持,而是要给越南所有的非共产党人反对共产主义接管的联合力量以支持。"①

美国政府很清楚地知道,打赢越南战争既有政治方面的因素,也有军事方面的因素,而南越吴庭艳政府对美国打赢这场战争并不完全有利。泰勒和罗斯托的越南之行也发现了许多支持这一观点的证据。他们在报告中也提出就目前的南越政府来说很难取得胜利,但二人都断然反对撤换吴庭艳,其原因是:"第一,在目前紧张的局势下,操纵政变对我们将很危险,因为我们根本无法肯定能控制政变后的结果,同时也无法肯定能控制可被共产主义利用的潜在力量;第二,我们深信一些对吴庭艳政府管理方法的抱怨掩盖了其缺乏能把事情办妥的高级行政人员这一状况……(我们)提议的有限的伙伴关系策略不仅可以加强美国在重点地区的权力,而

---

① Ralph L. Stavins, "A Special Supplement: Kennedy's Private War," p. 19.

且也可以强化越南的行政部门……"①

美国政府对该问题的最后解决方法是督促吴庭艳政府进行改革，并以此作为其获得美国支持的代价，但是美国的这种策略后来被证实并不成功。

泰勒和罗斯托的报告对华盛顿对越南的政策有着极其深远的影响。报告提出了"升级"与"适度"相结合的策略。通过建立"有限的伙伴关系"的方法，报告解决了进行有效战争的需要与行政改革的需要之间的冲突。之前改革的目标只是扩大能容纳反对派的政府机制，现在则强调美国军队进入越南以及美国官僚进入政府。报告还描绘了美国军队进驻越南以及官僚进入政府机关后美国在南越所需要的理想领导人的特点，而这一理想的领导人选最终落在阮文绍身上。

华盛顿的高级顾问们都对泰勒和罗斯托的报告持欢迎态度，麦克纳马拉和腊斯克更是高度认可。

虽然高官们都赞同派地面战斗部队进驻越南的建议，肯尼迪总统却持否定态度，不过他最终接受了泰勒和罗斯托在报告中提出的同南越建立有限的伙伴关系的建议。这将意味着美国派往南越政府的文官和武官顾问的人数大大增加。从这个决定做出到1963年11月肯尼迪去世，美国在南越的军人人数已达到16000人，是泰勒和罗斯托所设想的特遣部队人数的两倍。

但是由于罗斯托对美国援越太过热衷，以至于肯尼迪一度对

---

① Geoffrey Warner, "The United States and Vietnam 1945—65, Part Ⅱ: 1954—65," *International Affairs*, Vol. 48, No. 4, October 1972, p. 602.

罗斯托

他产生了怀疑。肯尼迪曾对国家安全委员会成员迈克尔·福雷斯特尔(Michael Forrestal)表示:"沃尔特是思想、理念的源泉。他出的主意十个里面一定有一个是绝对英明的。但不幸的是,在这十个中有六到七个不仅不可靠,而且还很危险。我羡慕他的创造力,但把他调离白宫会让我感到更舒服些。"①他还说:"沃尔特写作的速度要比我阅读的速度快得多。"言外之意是他的这项技能应该用在别处,如学术研究,而非在白宫同总统在一起。

1961年11月29日,罗斯托被调离白宫,前往国务院担任顾问及政策设计室主任。肯尼迪对罗斯托的解释是:"在白宫里……我们在很多地方都被国务院做出的结论所限制。我让你去国务院是想让你把那里的工作掌控起来。"②在国务院工作远没有比在总统身边工作更能对总统的决策施加直接的影响。对此,这位前任总统国家安全事务特别助理帮办戏称自己是由一个小庙里的大和尚变成了大庙里的小和尚。③ 但罗斯托并不气馁。他利用新的工作环境不断完善自己的理论,并最终使之成为指导美国越战的理论依据。

---

① Townsend Hoops, *The Limits of Intervention*, p. 21.
② Arthur Schlesinger, Jr., *A Thousand Days*, p. 445.
③ 罗斯托的原话是离开"在罗马的教区教堂舒适愉悦的工作而成为一个省的大主教"。Walt Rostow to President Kennedy, November 29, 1961, POF, Box 65, JFKL.

第五章　远离决策层的呐喊

当一个具有深远意义的决策即将做出时,我们应该考虑是否已做出努力来确保该决策的设计者在场并发声。

——罗斯托[①]

罗斯托对外政策之哲学

1961年11月底罗斯托离开白宫,来到国务院担任顾问及政策设计室主任。

政策设计室最早成立于1947年,其当时的主要功能是"为美国外交政策长期目标的实现制定长远规划……为国务院预测可能

[①] Walt Rostow to McGeorge Bundy, January 2, 1963, NSF, Box 303, JFKL.

罗斯托

遇到的问题……在政治—军事的大问题上进行研究与汇报……（以及）对现行政策进行评估并提出建议"①。

15年前,乔治·凯南在发表了他那篇署名为"X"的《苏联行为的根源》的著名文章后就曾担任过此职务。其间他负责西欧的重建和防止共产主义的侵入。但是,随着冷战的发展,对外政策的设计更多地来自国家安全委员会,而非国务院。政策设计室对决策层的影响无法同国家安全委员会相比,因此在此工作的人员自身的影响力及被赋予的权力也都有限。在罗斯托担任国务院政策设计室主任之前,除了著名的凯南以外,还有罗伯特·鲍伊（Robert Bowie）、杰拉德·史密斯（Gerard Smith）和乔治·麦吉（George McGhee）,但后三位显然没有像凯南那样在美国20世纪对外政策的历史长河中显得突出。然而,如果把罗斯托看做是鲍伊第二,或者史密斯第二、麦吉第二,那就大错特错了。毕竟肯尼迪调离罗斯托不是因为他的能力不及,而是他对待问题过于认真执着。

实际上,政策设计室主任的工作是罗斯托在1961年1月时就倾向的职位。他现在可以全神贯注于他关心的问题了。正如《纽约时报》刊登的那样,如果总统想要更有效地制定外交政策,"他不应过多地依赖白宫,而是必须加强国务院……况且罗斯托先生也已经在国务院走马上任了"②。

但是,如果仔细分析不难看出,不管罗斯托离开白宫时是喜是

---

① Lincoln P. Bloomfield, "Planning Foreign Policy: Can It Be Done?" *Political Science Quarterly*, 93:3, Autumn 1978.

② James Reston, "Shake-up at State," *New York Times*, November 27, 1961, p. 24.

忧,他的新职务确实让他远离了肯尼迪的决策圈。但罗斯托坚信做总比不做好。为了能继续让肯尼迪聆听到自己的观点,罗斯托保持了以下三种渠道:邦迪工作室、为总统送计划书以便于他周末阅读以及直接的个人交往。他的观点并没有因为时间和距离而在决策层中消失。

越南依然是他关注的主题。他 1961 年最后一次给总统的备忘录是关于美国驻越南军事援助顾问团的总指挥莱昂内尔·麦加尔将军(General Lionel McGarr)的。罗斯托坚信这个在越南军衔最高的美国将军太过于安抚南方,帮助南越政府,而且他也没能把南越军队改造成作战机器,为随时可能同民族解放阵线进行的常规战做准备。因此,他建议肯尼迪找人来替换掉麦加尔。虽然罗斯托不是唯一有这种想法的人,但他更合理的直言对麦加尔的下台起了重要作用。随着麦加尔的离任,美国军事援助顾问团更关注于在南越的美国军队与援助,而不是南越军队的发展与训练。这正是罗斯托一直以来所希望的。罗斯托相信,仅就这方面而言,美国军队就有能力快速有效地对付南方的"叛乱",并一定会保卫南越的独立。

1961 年 12 月在国务院签署文件(旁边是他的妻子和孩子以及国务卿迪安·腊斯克)

在肯尼迪任期的三年间,美国对南越的政策基本上是顾问加援助的政策,并未直接使用军力介入越战,虽然在一些场合肯尼迪称这些派往越南做军事顾问的军队可以被看做是作战部队。在罗斯托看来,肯尼迪并没有认真对待在南越抗击共产主义这一事件。

罗斯托　因为如果肯尼迪很认真的话,他一定已经在 1961 年夏季就下命令直接进攻北越了。多年后,罗斯托在其回忆录中表达了他对肯尼迪的失望。他认为,肯尼迪在他任期的第一年没能对北越做出快速有效的反应"是 20 世纪 60 年代美国外交政策的最大失误"①。他给总统的那些备忘录中,内容都没有离开过进攻北越,但每次都石沉大海。麦克纳马拉、邦迪和腊斯克都不愿接受轰炸北越、派数量可观的美军去保护南越独立的建议。这种情况一直维持到 1963 年底,高层的决策者才开始认真考虑罗斯托的提议。

虽然罗斯托轰炸北越的观点在此期间并没有引起决策层的共鸣,但他作为国务院政策设计室主任所完成的另一个重磅级的任务却在美国政策制定者们中产生了不同凡响的效果。那就是美国《国家安全基本政策》的出台。

从 1962 年 3 月开始撰写到 6 月 22 日最后定稿,在长达 284 页的《国家安全基本政策》的文件里,第三世界、苏联、共产主义国家、经济发展、对外经济援助、军事制裁等都是关键词。罗斯托解释说:"人们要求建立能保护个体抗衡国家无限大权力的潜在愿望十分强烈。这些愿望都隐埋在对历史、文化和宗教所承担的义务中。如果经济发展、社会公正能够建立起来的话,那么政治民主化的长期目标就能实现。"②

在谈到机会和威胁时,罗斯托指出:"拉丁美洲、非洲、亚洲和中东的现代化进程"是目前最紧迫的事,需要强烈关注。主要战场

---

① Walt Rostow, *The Diffusion of Power*, p. 290.
② Final Draft of Basic National Security Policy, June 22,1962, NSF, Box 294, JFKL, p. 11.

是从"伊朗到韩国的那片弧线区里的国家",因为"在这些国家里,自由团体无法承受抵御共产主义势力的扩张所带来的损失……"在朝着自由资本主义迈进的国家中,东南亚是最易受到共产主义"侵害"的。罗斯托用多米诺骨牌理论论证"南越或泰国的丧失会危及整个东南亚的地位,置印度半岛于危险之中"①。因此,美国要给予坚决反击。最后的胜利一定是属于民主国家的。罗斯托在文件中还反问道,如果资本主义用和平的方式就能取得胜利,那为什么还劳神在遥远的地方用武力抗击共产主义呢?

罗斯托提到要对共产主义进行遏制,这"需要我们有持久的勇气和信心;主动和耐心;果断斗争精神和应付共产主义阵营内部变化的敏锐的工作能力"。在文件的结尾处,罗斯托总结说,他的遏制版本"是同世界舞台上起作用的强大的历史力量相一致的,它的需求正好是我们和自由世界的物质资源可以提供的……机会是在我们这一边,如果我们能很好地利用的话"。罗斯托清晰地指出美国的职责是"创立更广泛的由自由国家组成的社会,包括拉丁美洲、非洲、亚洲和中东……保护这个社会免受共产主义侵略"②。文件中还包含了大量详细的对付共产党国家的军事和其他手段。

从以上内容不难看出,《国家安全基本政策》是一个指导性的外交文件。用罗斯托的话说,是"明确的政策声明",同时又是在"找出需解决的问题"。它延续了 20 世纪 50 年代罗斯托学术著作

---

① Final Draft of Basic National Security Policy, June 22, 1962, NSF, Box 294, JFKL, pp. 3, 4.

② Final Draft of Basic National Security Policy, June 22, 1962, NSF, Box 294, JFKL, pp. 28, 182. 参见 David Milne, *America's Rasputin*, pp. 110—112。

罗斯托

中的那些观点,是罗斯托对外政策的思想体现。

罗斯托的《国家安全基本政策》一出笼,就立刻得到了肯尼迪的赞赏。据邦迪说,总统看过后觉得它"是一篇很好的文章,每个人都应该认真学习,并把看法反馈给罗斯托"①。

《国家安全基本政策》在政府内广为流传,但也引起了激烈的争论。美国驻联合国大使阿德莱·史蒂文森(Adlai Stevenson)认为罗斯托太过于关注"同共产主义竞赛并如何获得胜利"。国务院历史文献评论部对该文件没有足够地强调滥用核武器对美国国家安全的威胁感到不满。1961年11月接替罗斯托担任邦迪助手的卡尔·凯森(Carl Kaysen)评价罗斯托的文章为太多"希望"的阐述,而没提及"代价"。参谋长联席会议主席则觉得文件对使用军事力量击败敌人的重要性强调不够。

具有讽刺意味的是,同属"出类拔萃之辈"的罗斯托的同伴们对他的这篇文章也反应强烈。麦克纳马拉觉得它可以作为一般性的指导方针,但要想成为具体的指导纲领则还需要很长时间且无利可图。邦迪对文件的长度、教条主义的特点以及缺乏排序优先等方面提出了异议,还对罗斯托的习惯用词"主义""策略"表示"严重保留意见",担心"它们意味着我们的态度是教条主义式的,我们的行动完全被一个单一的'策略'所束缚"。他反对罗斯托把自己的观点写成指导美国的"主义",认为在总统和总统身边的人如邦迪之外还会存在一种战略的想法简直愚蠢之极②,并表示:"我非常

---

① FRUS, 1961—1963, Ⅶ, National Security Policy, p.70.

② 参见 Bruce Kuklick, *Blind Oracles: Intellectuals and War from Kennan to Kissinger*, Princeton University Press, 2006。

怀疑对这么复杂的文件我们是否能取得一致,总统是否会批准。"①

最早提出对苏采取遏制政策的凯南此时担任美国驻南斯拉夫大使。他对罗斯托报告中所反映出的遏制政策提出了全面的质疑。凯南虽然从写作技术层面上赞扬该文章"清晰易懂",但承认个人烙印太明显。他认为罗斯托把核武器作为基本军事学说的核心是完全错误的。罗斯托相信核战争是能打赢的,而凯南却告诉他,他"宁愿看着自己的孩子死",也不愿意经历这地狱般的事。凯南自己对核武器的看法则是主张"同苏联达成一致,全面禁止这类武器的研发、持有及使用"。针对罗斯托价值体系的核心——帮助第三世界实现西方式的资本主义民主,凯南批评道:"现代极权主义最可怕的表现有些就是来自于工业化最先进、教育程度最高的国家。"他对"没有美国的帮助会动摇这些国家(第三世界)追求早期工业化的需求"持怀疑态度,并拿非洲举例:"我不认为鼓励它们走这条路是我们的责任。"凯南反对第三世界从美国这里获得援助,以免煽起它们的激情和欲望,"处于分裂状态且实力弱小的它们对我们构不成威胁。如果它们强大了,上帝知道它们会做什么"。在罗斯托看来是有希望和潜能的国家,对凯南而言则是"幼稚、困惑、缺乏经验、暴力、种族冲突和互相残杀……如果我们增加它们的工业实力,把武器送到它们手上,阻拦它们内部的武装冲突并鼓励它们壮大,我看不出这对我们国家的安全会一直有益"②。

罗斯托和凯南对《国家安全基本政策》的不同看法不仅体现了

---

① FRUS, 1961—1963, Ⅷ, National Security Policy, pp.75—78.

② Letter from George Kennan to Walt W. Rostow, May 15, 1962, FRUS, 1961—1963, Ⅱ, Vietnam, 1962, pp.268—299.

罗斯托　他们各自对美国外交政策的不同理念,而且也体现了美国自一战以来指导美国对外政策的两种不同指导思想,即威尔逊国际主义和现实主义。1946年,凯南设计了对苏的遏制政策以期击退苏联在中欧的冒险行动,但共产主义的"威胁"并没就此消退。1950年,国家安全委员会68号文件把美国的利益扩大到东亚。现在罗斯托又要把美国对外政策扩大到极限,即世界的任何角落。在这场思想理念的斗争中,罗斯托无疑是胜利者,虽然他的《国家安全基本政策》并没有到达国家安全委员会这个层面,也没有得到肯尼迪的批准,但他的思想引导着20世纪60年代美国的对外政策。他也因此成为美国最有影响的自由主义冷战斗士。

罗斯托和他的副手(1962年)

在《国家安全基本政策》最后定稿之前,还发生了一个小插曲。系列草案中的两个草案被泄露给了媒体。为此,国会特别在1962年6月召开听证会。针对指控罗斯托发起倡议了一个毫无效果的反共产主义的政策,他亲自为自己辩护。他还试图说服肯尼迪:国家安全基本政策从杜鲁门时期就被研发了,到了艾森豪威尔时期有了发展。"如果在我们这里没有研究通过这个文件,那将有损于我们政府的信誉。"他让总统放心,因为《国家安全基本政策》"不会捆绑住总统的手脚"[①]。

---

① *FRUS*,1961—1963,Ⅶ,*National Security Policy*,p.136.

1962年10月爆发的古巴导弹危机又是罗斯托对外政策思想的体现。当10月16日美国通过U-2侦察机掌握的苏联在古巴建立了六个中程导弹基地的资料送到肯尼迪手上时,肯尼迪立即召开紧急国家安全委员会会议,研究对策。由于罗斯托已不再是总统身边的决策者,所以在整个危机的解决过程中,他只有一次机会是和总统及其决策者们在一起的。这次会议是10月25日召开的,就之前宣布的禁止进攻性武器和有关物资运往古巴的公告进行讨论。罗斯托对公告中规定被禁止的物资中没有原油、燃油以及润滑油设施感到不满。他认为禁运这三种物资一定能给古巴和苏联造成极大压力,所以他建议把这三种物资写在禁运的清单里。

罗斯托的这一看法源于他在二战中的经验。"我们在对德战争中经历过……当切断石油、燃油和润滑油时,所产生的效果是巨大的。"①麦克纳马拉不相信切断这三种物资会有如此大的作用,肯尼迪对此也表示怀疑。这次会议的结果令罗斯托感到失望,原油、燃油以及润滑油设施最终也没能被归为禁运的范畴。有意思的是,几年后在讨论进攻北越的目标时,罗斯托和麦克纳马拉又遇到了相同的问题,而这次罗斯托可以借助古巴导弹危机使自己的观点占据上风。

古巴导弹危机最后是通过美苏秘密协议解决的,罗斯托并没有参与其中。他对自己被排斥在决策层外感到非常不满。他认为:"在当机立断做出的影响深远的决定要执行的时候,应该努力

---

① Ernest R. May and Philip Zelikow, *The Kennedy Tapes: Inside the White House During the Cuban Missile Crisis*, Cambridge, Mass.: Harvard University Press, 1988, p. 436.

让计划设计师的声音……出现在现场并被聆听。"①

为了重回决策层,在古巴导弹危机后,罗斯托积极展开各种公关,包括给邦迪、腊斯克写信,并最终争取到了参加国家安全委员会会议的机会。考虑到肯尼迪"作决定时的务实风格"以及"同总统议事时的缺乏条理性",再加上"一些决定中明明包含的因素在执行时并没有给予足够的重视"②,罗斯托觉得仅仅参加国家安全委员会的会议是不够的,他还要求参与议程的设置。他对自己有充分的信心,认为自己在把握大局方面有特殊的能力。连邦迪也不得不承认,在某些涉及地区性的事务上罗斯托是专家。

但总的来说,作为国务院政策设计室主任的罗斯托自离开白宫到国务院上任后到 1963 年,他所提出的一些政策建议如对古巴要实行原油、燃油以及润滑油设施禁运,对老挝要采取军事行动抗击共产主义,以及对越南的军事卷入,都没能引起总统的兴趣。肯尼迪甚至一度怀疑美国对越南的卷入不会产生任何功效。"越南人不欢迎我们。他们恨我们。他们准备随时把我们屁滚尿流地赶出来。"肯尼迪承认他同南越腐败的政府捆绑在一起的原因主要来自国内:"我不能把像越南那样的任何一块领土让给共产党,并让人民重新选举我。"③对肯尼迪而言,或许他更欣赏的是 20 世纪 50 年代和 1961 年主要关注第三世界发展的罗斯托,而不是一直督促他对北越采取战略轰炸的罗斯托。罗斯托显然已经不属于肯尼迪

---

① Walt Rostow to McGeorge Bundy, January 2, 1963, NSF, Box 303, JFKL.
② Walt Rostow to Dean Rusk, January 4, 1963, NSF, Box 303, JFKL.
③ Fredrik Logevall, *Choosing War: The Lost Chance for Peace and the Escalation of the War in Vietnam*, Berkeley: University of California Press, 1999, p. 377.

圈中的人物。但罗斯托本人并不这样看。他坚信肯尼迪终究会选择同约翰逊一样的让战争升级的政策,因为他最懂总统:"我告诉你肯尼迪的想法,我非常熟悉他的想法,因为在这方面我是他的人……因为我们是老朋友。"①为了说明这一点,罗斯托搬出这一事实,那就是肯尼迪是坚定的多米诺骨牌理论的支持者。面对共产主义的侵略,他致力于维护南越的自由。不管罗斯托在这段时间因无法让决策层采纳自己的观点而有多失落,也不管肯尼迪是否还会重用罗斯托,在肯尼迪当政的这几年,肯尼迪确实加大了美国对南越的卷入,不论是从物质的角度还是从军事顾问团的角度。

随着肯尼迪被刺身亡、副总统约翰逊继任,罗斯托的地位发生了重大变化,从而也使他一直推崇、呐喊的轰炸北越的观点再次成为决策者们的议题。

"罗斯托论点"

1963年11月22日肯尼迪去世,接任总统的约翰逊改变了肯尼迪政府的对越政策。时任中央情报局局长的麦克库恩(John McCone)在描述肯尼迪总统被刺身亡后的第二天召开的总统会议时说:"在这次会议上,我接收到了约翰逊总统要在越南采取行动的第一个信号。它同肯尼迪的完全不同。约翰逊明确地感到我们过于重视社会改革了。他对我们花费大量时间去做'好人好事'几

---

① Walt Rostow, Oral History, LBJL, p. 23. 参见 David Milne, *America's Rasputin*, p. 128。

罗斯托

乎不能容忍。"①他认为美国试图"把每个亚洲国家都改革成我们这样"是政策的失误。对美国来说,头等大事就是要"赢得战争"②。这次会议是约翰逊对越政策的首次出台。次日,约翰逊更是明白无误地宣称,他不会是一个看着东南亚国家沿着中国发展方向走而无动于衷的总统。他让他的顾问们通知在西贡的将军他是不会食言的。果然,12月约翰逊就下令执行代号为34A的行动方案。该方案是通过秘密军事援助南越军队对北越进行的惩罚性行动来加大对北越军事和政治压力。约翰逊的表白及行动标志着美国对越政策从安抚南方变为要对南北交界处采取军事行动。

约翰逊年轻时就从政,30岁即被选为国会议员,是美国担任过众议员、参议员、副总统和总统职位的四个人中的一个,曾担任过六年的参议院多数派领袖、两年参议院少数派领袖和两年参议院多数派领袖助手。他是罗斯福总统"新政"的积极支持者。他上台后,对内提出与"新政""公平施政""新边疆"一脉相承的改革计划,即"伟大社会"的施政纲领,推行各项福利法、民权法、医疗补助法、教育援助法等。他的著名的"向贫困开战"的口号更是让他深得人心。在外交上,他同罗斯托一样,也关注第三世界,希望美国的援助能帮助到它们。在越南问题上,他奉行他的前任肯尼迪所制定的政策,并且有过之而无不及。他担心越南会在共产党的领导下得到统一,担心日益强大的共和党会破坏他的"伟大社会"。约翰

---

① McCone, Memorandum for the Record (of a Presidential meeting, 24 November 1963), *FRUS*, *1961—1963*, *Ⅳ*, *Vietnam*, July-November 1963, p. 637.

② Robert Schulzinger, *A Time for War: The United States and Vietnam, 1941—1975*, New York: Oxford University Press, 1997, p. 127.

逊下面的这段话就很好地反映了他的这种担心:"我知道从共产党在中国取得胜利的那一天开始,哈利·杜鲁门(Harry Truman)和迪安·艾奇逊(Dean Acheson)就失去了效用。我相信失去中国对麦卡锡的崛起也起了很大作用。但我也清楚,所有这些加在一起同失去越南相比那将是小巫见大巫。"①

虽然由诸多原因所决定的公开且直接派兵到越南是发生在1965年,但美国这一行动可以说从1963年中期开始就已逐渐形成,那时吴庭艳政府所犯的一系列错误不仅加快了其在反越共中已经摇摇欲坠的统治的衰落,而且还使美国的决策者们意识到西贡的统治如此脆弱,只有摆脱顽固的独裁总统吴庭艳,才能加强西贡的地位。

其实摆脱吴庭艳并不是一个新话题。早在1960年9月美国驻西贡大使德布若(Elbridge Durbrow)就曾发电报给华盛顿说:"如果因为没有执行恰当的政治、心理、经济和安全措施而导致吴庭艳在国家中的地位恶化的话,那美国政府有必要为了实现我们的目标而考虑采取选择其他行动和其他领导人。"这一年更早一些的时候,德布若就曾指出"吴庭艳政府腐败,对人民敲诈勒索,已被人民疏远"②。虽然肯尼迪在1961年接受了泰勒和罗斯托的建议,维持了吴庭艳政府,但要求摆脱吴庭艳的呼声始终没有停止过。到

---

① Richard E. Neustadt and Ernest R. May, *Thinking in Time: The Uses of History for Decision-Makers*, New York: Free Press, 1986, p. 86.

② Despatch From the Ambassador in Vietnam (Durbrow) to the Department of State, Saigon, 16 September 1960, *FRUS*, *1958—1960*, Ⅰ, *Vietnam*, p. 579, March 7, 1960, pp. 300—302.

罗斯托

1962年,这样的争论变得更加肆无忌惮。这一年8月,德布若的政治顾问门登霍尔(Joseph Mendenhall)向华盛顿汇报:"用吴庭儒①的方法我们肯定赢不了这场战争。不管我们对他们施加多少压力,我们都不能改变他们的这些方法。建议:摆脱吴庭艳、吴庭儒夫妇和吴家其他的人。"②

到1963年中旬,连一向坚决支持吴庭艳的美国大使诺尔廷(Frederick Nolting)也对吴庭艳感到了失望。他的失望情绪更加鼓舞了美国国内那些把吴庭艳看做是在东南亚阻止共产党前进的障碍而非工具的人们。

1963年11月1日,吴庭艳在美国中央情报局策划的军事政变中被击毙。三周后,肯尼迪被暗杀。这在西贡和华盛顿引起了具有深远意义的政治变化。多方都希望趁此和平解决越南问题,并让越南中立。联合国秘书长吴丹就曾面会约翰逊,并转达胡志明希望通过谈判来解决越南问题的建议。柬埔寨的诺罗敦·西哈努克更是力邀南越一起参加中立联盟。对此,国防部长麦克纳马拉在12月写给约翰逊的秘密备忘录中表达了他的担忧:越南的局势令人不安。如果在两至三个月内不改变的话,那目前的趋势会导

---

① 吴庭儒是吴庭艳的弟弟,其对国内异己者所采取的残酷手段同吴庭艳相比有过之而无不及。在1963年11月1日的军事政变中,同吴庭艳一道被枪杀。
② Mendenhall, Memorandum for Deputy Assistant Secretary of State for Far Eastern Affairs, Edward E. Rice, "Vietnam-Assessments and Recommendations," August 16, 1962, *FRUS*, *1961—1963*, Ⅱ, *Vietnam*, 1962, p.598.

致越南中立,并有极大可能会导致共产党对越南的控制。① 当然,他的担忧很快就被约翰逊一扫而光,因为约翰逊不能接受越南任何形式的中立。约翰逊在给南越将军的新年贺词中明白无误地表示:"南越的中立就是被共产党占领的另一种说法。"

在南越,对这一政变的最初欣喜随着新政权的无能和分裂以及越共频繁的强火力进攻和范围的扩大变得烟消云散了。

在华盛顿,一个被认为缺乏约翰·肯尼迪的魅力和外交经验的总统一方面要防止对越南政策的失败,另一方面又不能冒着风险和代价把几个月后他所面临的总统选举中的选民吓跑。当然,正如我们所看到的,面对这种进退两难的局面,约翰逊总统选择了对越军事升级的政策,虽然不是立即执行。

其实担任副总统时,约翰逊是反对派军队入越的。1961 年 5 月,参谋长联席会议主席莱尼泽(Lyman L. Lemnitzer)曾建议美国让吴庭艳政府提出美国需派"适当的"兵力到越南,以履行其集体安全的义务。对此,约翰逊是持反对意见的。他认为美国战斗部队的卷入不仅没有必要,而且也不值得。然而,到 1964 年初,已当总统的约翰逊面临着越南急剧恶化的形势。他不愿意在总统选举中被人们指责在对待共产主义问题上太"软"。

在约翰逊接任总统之时,为了确保美国外交的延续性,约翰逊选择了保留肯尼迪班子中所有制定外交政策的顾问们,他尤其看重麦克纳马拉。然而针对如何解决东南亚危机一事,不管是麦克

---

① Robert H. Johnson,"Escalation Then and Now,"*Foreign Policy*, No. 60, Autumn, 1985, pp. 130—147.(罗伯特·约翰逊 1951—1962 年为国家安全委员会成员,1962—1967 年在国务院政策设计室工作。)

罗斯托

纳马拉还是邦迪、腊斯克都不能给约翰逊提供使其满意的建议,但罗斯托可以。据詹姆斯·莱斯顿(James Reston)在肯尼迪去世后的第十天在《纽约时报》上说:"肯尼迪的人要离开约翰逊。约翰逊致电罗斯托,希望他能留下来。几天后,罗斯托回复'你可以相信我'"。①

罗斯托是一个对个人和学术都极度忠诚的人。他对肯尼迪非常忠心,对约翰逊更是如此。他认为约翰逊是一个伟大的人。

果然,不久罗斯托就受邀帮助约翰逊起草了他的第一份国情咨文。罗斯托是肯尼迪外交政策顾问们中第一个认为南越的暴动是一个重大事件、需要美国快速做出反应的人。他不断向总统进言轰炸北越才能击败南越的民族解放阵线。虽然在前两年遭到肯尼迪的冷落,但罗斯托始终坚持不懈地推销他的轰炸北越的观点,并最终使他的观点得以采纳。

在慢慢把美国带入越南的直接交战过程中,约翰逊总统所显示出的政策制定的风格同他的前任大相径庭。肯尼迪常常会在参与外交政策制定的副手们当中广泛寻求看法,而约翰逊主要听取同他意见相同人的观点。国家安全委员会参谋库珀(Chester L. Cooper)曾这样描述约翰逊。他说:约翰逊"看上去缺乏判断力,这使他只注意这样的人:(1)说他是对的;(2)说有解决困境的办法;

---

① Godfrey Hodgson, "Obituary: Walt Rostow," *The Guardian*, February 17, 2003.

(3)说对于他要做的事没有其他选择"①。这种政策风格的变化很快就逼走了一些曾对越南政策制定起过重要作用的人物,甚至包括副总统休伯特·汉弗莱(Hubert Humphrey)。约翰逊现在主要看重的是五角大楼的顾问们,尤其是国防部长麦克纳马拉。当然还有后来居上的罗斯托。

1963年南越的局势开始让麦克纳马拉担心起来。他认为南越的局势已经变得如此危急,南越有可能落入共产党手中。在麦克纳马拉的鼓动下,1963年末,时任国务院政策设计室主任的罗斯托命令他的政策设计室人员开始就麦克纳马拉的观点进行初步考察。麦克纳马拉的观点就是美国应该建立一套完整的计划以实施对北越的升级战。

1963—1964年间,政府内强烈支持扩大对越战争的主要文官就是罗斯托。

作为一个世人瞩目的经济理论家,罗斯托始终宣称共产主义是弱小国家实现现代化的"绊脚石"。共产主义和资本主义斗争的结果将取决于第三世界。他提出,要想打败受外部支持的叛乱,只有通过军事行动打击其获得支持的外部来源。这种打击的目的更多的是心理上的,而不是纯军事上的。这些打击将被用来改变侵

---

① Chester L. Cooper, Letter of December 5, 1986, to William C. Gibbons of the Congressional Research Service, Library of Congress. 其他一些对约翰逊对越政策制定风格的类似描述还有很多,如:Marvin Kalb and Elie Abel, *Roots of Involvement*, pp. 167—169; Robert L. Gallucci, *Neither Peace Nor Honor: The Politics of American Military Policy in Vietnam*, Baltimore: Johns Hopkins University Press, 1975, pp. 32—34; Roger Hilsman, *To Move a Nation: The Politics of Foreign Policy in the Administration of John F. Kennedy*, New York: Doubleday & Co., 1964, p. 535; and David Halberstam, *The Best and the Brightest*, p. 144.

罗斯托

略者对支持叛乱的利益考虑,因为侵略者有对进一步军事和经济损失的担心;有对卷入更大范围的冲突的担心;有对国内政治剧变的担心;还有对共产党大国更加依赖的担心。在有叛乱的国家里,任何有助于鼓舞士气和民心的举措都将被看成是一种奖赏。为了取得理想的效果,一系列使战争升级的军事措施应该和施加政治、经济以及心理压力同时使用。罗斯托坚信南越就是反共运动的基石。美国在越南的军事战略就是要通过加大军事压力,提高在南越支持共产主义"叛乱"的成本。

罗斯托还引用他的同事、麻省理工学院国际问题研究中心的詹姆斯·克罗斯(James E. Cross)的话来证明自己的观点:

> 战后的那些年,共产党领导的游击队从南斯拉夫和保加利亚境外获得了大量的经济和军事援助,用以在1948年春季推翻政府。随着铁托同莫斯科的决裂以及希腊和南斯拉夫边境被关闭,希腊境内的游击队所获得的援助减少了一半,因此它们的势力逐渐减弱。希腊政府才得以重新组织反攻,从而使得以游击战形式出现的共产主义接管的威胁不复存在。
>
> 这些战役所得出的显而易见的结论就是:以游击战形式出现的、旨在推翻政府的非常规进攻不可能在全国范围内赢得胜利,除非他们可以得到来自邻国持续的大规模的援助……[1]

---

[1] Walt Rostow, *Concept and Controversy*, pp. 299—300; James E. Cross, *Conflict in the Shadows*, Garden City, N. Y.: Garden City Press, 1963, p. 10.

简言之，所谓"罗斯托论点"，就是美国通过轰炸支持叛乱的外部源头来对付叛乱。

罗斯托利用他在国务院所处的优势地位不断地表明：美国只有扩大战争，尤其是要轰炸北越，才能把南越从崩溃瓦解的边缘解救出来。

罗斯托轰炸北越的观点对邦迪、腊斯克和麦克纳马拉来说已不是什么新鲜的看法，但对约翰逊来说则不一样。在肯尼迪时期，作为副总统的约翰逊是被排斥在对越政策的决策层之外的。

根据罗斯托的观点，进行升级战的目标是要北越停止对南越和老挝人员和兵种的渗透，并从南越和老挝撤军。罗斯托详细论述道，基于以下两个原因，美国对北越的轰炸威胁或实际上实施的轰炸行动会起作用。这两个原因就是越南民主共和国已经有了工业基础，它的领导人不希望这个工业基础被破坏掉；北越会很担心美国的进攻将把它赶到一个"实际上隶属"中国的地位。此外，罗斯托还认为，苏联和中国出于对战争升级的担忧，也会出面阻止。①

罗斯托的观点受到许多人的非议，其中之一是罗伯特·科默尔（Robert Komer）。他是国家安全委员会成员，在邦迪手下工作。1966年曾受邦迪推荐接任他的总统国家安全事务特别助理的职位，但没成功。

在罗斯托离开白宫后，科默尔常常受命向邦迪汇报罗斯托的工作，并加以评论。他既关注罗斯托好战的一面，也对罗斯托超越

---

① Attachment to William E. Colby, Memorandum for the Director, "Planning Paper for Southeast Asia," February 19, 1964. (S) CIA/DDO files, Box 78—597, DDO/ISS, Box 1, Folder 7, "State & Defense Papers on Vietnam, 1964."

罗斯托

政策设计室的工作范围不满。在肯尼迪就职前,科默尔就向邦迪汇报罗斯托的动向:"在想让我们把总统的注意力引到目前中共经济困难对中共军事的影响上来的人中,沃尔特是最急切的……沃尔特主要对老挝、越南感兴趣。他把这一地区看做是进一步阻止中共对东南亚进行干涉的阵地,尽管中共的这种干涉不太可能,除非我们让他们在这条路上走得很远。"①罗斯托在新的岗位上报到没几天,科默尔就建议罗斯托把注意力集中在政策设计室应该做的事情上,即政策设计,而不是危机的解决:"国务院有一种内在的倾向,就是强调做事情的代价,而不去注意不做事情的代价……这是国务院政策设计室可以帮忙做的事情。"②古巴导弹危机爆发后,罗斯托主张对古巴实施空中打击,认为这是一个绝好的利用直接进攻推翻卡斯特罗统治的机会。对此,科默尔向邦迪汇报,说罗斯托还是不忘涉及危机的解决而不是政策设计。"所有的方面他都要管,不管是不是跟远期规划有关。"③他还耐心地对罗斯托解释,肯尼迪危机外交的内涵是"我们的目标是导弹威胁,不是古巴这个国家本身"④。针对罗斯托的"国家安全基本政策",科默尔对邦迪抱怨说:我"花了两个小时让罗斯托明白政策设计不是把世界分割成四方块,也不是把整个世界都视为是自己的"。他不满意罗斯托的报告中涉及太多内容,且每一项都啰啰唆唆分析得不到位:"他的计划设计表里有33个主项目,其中多数从逻辑上说又可分为十

---

① Robert Komer to McGeorge Bundy, January 9, 1961, NSF, Box 321, JFKL.
② Robert Komer to Walt Rostow, December 6, 1961, NSF, Box 322, JFKL.
③ Robert Komer to McGeorge Bundy, October 24, 1962, NSF, Box 322, JFKL.
④ Robert Komer to Walt Rostow, October 26, 1962, NSF, Box 322, JFKL.

几个子项目,而每一个子项目又能各成一章。"他怀疑罗斯托的管理技能以及是否有能力清晰地写出一份实用性很强的报告。他批评罗斯托在政策设计室主任的位置上不务正业;同时又认为让罗斯托不受干扰地做他自己的事也不是什么坏事,因为"它可以让沃尔特和国务院政策设计室忙上一阵子"①。科默尔的言外之意就是,只要罗斯托待在国务院政策设计室而不再试图干扰总统的决策,那随便他做什么都可以。

科默尔对罗斯托的厌恶直接影响了邦迪对罗斯托的看法。但在约翰逊上任后,科默尔对罗斯托持续三年的批评发生了转变。1964年1月2日,科默尔在给邦迪的信中写道,罗斯托又提到了对"越南进行报复"的必要性,不过这次"看上去要比以前的合情合理得多"。科默尔的立场也从轰炸北越会扩大战争转为支持对河内的直接军事行动。他对邦迪说:"如果我们不在现有基础上向前推进,那我们将会发现我们正在玩一个注定会失败的防守游戏,因为西哈努克、苏加诺、毛泽东和戴高乐正在从侧翼蚕食着我们。"②

除了多年反对罗斯托的人改变了他们对轰炸北越的看法外,新上任的总统约翰逊也对罗斯托的主张给予了积极的呼应:"在1964年,我们将前所未有地做好充足的准备以保卫自由的事业,不管它是受到河内和哈瓦那直接侵略的威胁还是采用渗透的方式把

---

① Robert Komer to McGeorge Bundy, January 12, 1963, NSF, Box 303, JFKL.
② Robert Komer to McGeorge Bundy, NSF, Agency File, Box 51, LBJL, inferred from David Milne, *America's Rasputin*, p.135.

罗斯托 武器和部队运过国际边境煽动当地的叛乱。"①罗斯托的观点终于得到新任总统的赏识。为了顺利实施该计划,罗斯托进一步向约翰逊解释:对叛乱提供外部援助的国家,通过对它施加政治和经济压力,再配以有限的、"分等级逐步升级"的军事行动,我们就可以让这个国家大幅度减少甚至消除对叛乱的全方位支持。因为"分等级逐步升级"的军事行动会让北越担心在政治上非常重要的工业发展遭到破坏,从而放弃战争。

罗斯托还对腊斯克强调,边界渗透"将是我们在冷战中要解决的最后一个主要问题"。如何解决?罗斯托的答案是要树立起一种理念,那就是玩这种不合法游戏的国家的资源将会受到至少等价的损失。

同样的观点肯尼迪嗤之以鼻,而约翰逊却如获至宝,他甚至下令组建一个委员会专门来研究如果轰炸了北越,可能会产生哪些影响。

很快,"罗斯托论点"就被拿来检验了。

---

① Walt Rostow, *The diffusion of Power*, p. 505. *Public Papers of the President: Lyndon B. Johnson, 1963—1964*, Washington D. C.: Government Printing Office, 1964, p. 116.

第六章　越战升级的幕后推手

轰炸石油设施可以重创北越军方整体后勤能力,以及工业和民用运作能力……我们应该对河内进行精确轰炸……我不是一个冷血动物,也不是好战分子,但我对此的孜孜追求主要是因为主力部队的损耗给我们国家的政治生活以及让南越厌倦的战争带来了几乎无法忍受的负担。我们要确保在不采取不明智或孤注一掷的行动的前提下缩短战争时间。

——罗斯托[1]

---

[1] Walt Rostow to President Johnson, April 5, 1966, *FRUS, 1964—1968*, Ⅳ, *Vietnam*, 1966, p.331.

对"罗斯托论点"的论证

1963年底,"罗斯托论点"的提出引起了美国高层的重视。为了确保该理论行之有效,美国开始了对它为期两年的一系列研究、论证和测试。

1964年2月14日在国家安全委员会的指示下,成立了由国务院官员威廉·苏利文(William H. Sullivan)指挥的越南特遣部队。在越南特遣部队召开的第一次会议上,国务卿腊斯克对这些成员说,越南战争的发展可能会迫使他们"在接下来的几个月面对一些极度危险的决定",但我们没有计划要从越南撤军①。

在"苏利文特遣部队"正式成立前,即2月9日,它就召开了一次小组委员会,对罗斯托提出的论点进行详细审查。在国务院政策设计室的罗伯特·约翰逊(Robert H. Johnson)②领导下,该组成员被要求在3月初也就是麦克纳马拉计划下一次访问南越时递交他们的报告。罗伯特·约翰逊这个跨机构小组由12人组成,他们分别来自国务院、国防部、参谋长联席会议、美国新闻署和中央情报局。

---

① William E. Colby, Memorandum for the Record, "Inter-agency Vietnam Working Group, February 15, 1964," February 15, 1964. (S) CIA/DDO/ISS files, Job No. 78—597, DDO/ISS, Box 2, Folder: "Sullivan Committee Meetings, Feb. 1964-April 1964."

② 罗伯特·约翰逊在1963—1964年间是罗斯托领导下的国务院政策设计室的参谋,1964年被指派对罗斯托的升级理论做认真细致的研究。

通过夜以继日的工作,这个小组研究了所有美国可能会遇到的军事和政治问题,并就美国是否应该激活罗斯托计划进行了探讨。他们认为"罗斯托论点"的正确性基于这两个变量:一个是支持叛乱的国家所承担的义务的范围;另一个是在冲突中美国至关重要的利益所处危险的程度。第二个问题在《第288号国家安全行动备忘录》里有关南越的问题中得到了解答。而第一个问题也是最基本的一个问题,那就是假设北越坚决承担自己的义务,那么罗斯托所建议采取的美国对北越实施攻击的那些建议是否真能起作用?这些攻击能否让北越下令停止越共的活动?北越能否不再支持越共?

对此,研究小组认为要想使罗斯托的计划成功,必须使北越相信:(1)美国采取的是有限的行动,所要实现的是有限的目标;(2)美国承担的义务是全面的;(3)美国已经在国内对执行这一政策达成了一致。否则,罗斯托的计划不可能实现,除非美国大规模地卷入战争。他们得出结论:

> 即使美国的行动最终会对北越造成严重的经济和政治影响,北越也不大可能会放弃这场战争。对北越的公开行动不太可能会减少越共的活动,从而使南越获得地面胜利,除非美国同时再往南越增加新的援助行动,并改进它的政府。最大的指望是北越暂时减少对越共的支持。这样,南越政府可以获得一些时间和机会去改进

自己。①

罗伯特·约翰逊小组的成员们并没有把他们的研究局限在轰炸北越能否产生效果上。他们还提出了更广泛的政治问题。同样,他们的判断也是令美国决策者们失望的。他们在报告里说美国会卷入这样一种局势,那就是:南越和老挝政府会在美国进行升级战中崩溃。而这将破坏美国行动的政治基础。他们还警告,如果美国轰炸北越无效,那么失败的代价将远远超过反叛乱失败的代价,因为美国陷入得更深,世界影响更广。

罗伯特·约翰逊小组还对罗斯托的经济发展阶段理论提出质疑,认为美国轰炸北越会失败,因为北越的动机"是不受财物变化或损害的影响的"。"北越并没有沉溺于经济增长决定论这种想法中……他们宁愿把他们的统治扩展到全国,而不是保持他们的工业。"②换句话说,对罗伯特·约翰逊小组而言,北越的共产党们深信国家的统一要远比保护部分国家的基础设施来得重要。因此,在这种状态下,罗斯托所主张的轰炸北越将起不到预期作用。

这份报告显然没有对罗斯托的想法产生任何影响,而且总体上说,他还对能促成这次对其理论的特别研究感到满意,因为这可以让人知道,他在越南政策的制定过程中并没有直接、紧密地参与其中。正如他在回忆录《权力的扩散》中说的那样,考虑到他的观点已众所周知,如果要避免在这场辩论中直接卷入,最好的办法就

---

① *Pentagon Papers* (Gravel ed.), Vol Ⅲ, p.156.
② Wallace J. Thies, *When Governments Collide: Coercion and Diplomacy in the Vietnam Conflict, 1964—1968*, Berkeley: University of California Press, 1980, p.402.

是回避。

罗伯特·约翰逊小组的研究很重要,因为它不仅预言了美国轰炸北越将起不到预期的作用,河内对此的反应将是反击,而且还预测了轰炸将给美国政府带来的影响。这些预言后来证实都应验了,因为美国的确是抱着把北越逼到会议桌前的想法去轰炸北越的,但是,它不但没有改变北越,反而把自己卷入其中,欲罢不能。

除了罗伯特·约翰逊小组外,还有不少重量级人物也对罗斯托论点提出了质疑。如美国驻老挝大使威廉·苏利文从纯战术的角度质疑轰炸的分等级逐步升级。罗杰·希尔斯曼(Roger Hilsman)指责该理论会将美国置于不利地位,因为在反叛乱未取得胜利前就轰炸北越,会被共产党国家看成是绝望之举,反而会激起他们的斗志。

而参谋长联席会议则觉得罗斯托的主张太过于谨慎。军方认为美国应对北越进行大规模轰炸,而不是对北越基础设施进行分等级逐步升级的进攻。五角大楼计划研究部门的负责人、空军参谋长柯蒂斯·李梅(Curtis LeMay)提出不要什么分等级逐步升级的进攻以威胁对方,而是只管进行"破坏性行动。通过击毁河内大部分的设施及能力来动摇它的意志"①。马克斯韦尔·泰勒指出:"突然的空袭一定会很有效,但接下来的进攻就不会有太大成效,而且损失还会上升。"②军方几乎一边倒地反对把空袭当做施压的方法,坚持如果北越是既定目标,就应该毫无限制地狂轰滥炸,动

---

① *Pentagon Papers*, Vol. Ⅲ, p. 234.
② Summary Record of NSC Executive Committee Meeting, May 24, 1964, *FRUS, 1964—1968*, Ⅰ, *Vietnam*, 1964, p. 370.

罗斯托

作越快,炸得越多越好,而不是只威胁它的工业设施。

虽然罗伯特·约翰逊小组研究出一些对美国不利的因素,反对派也提出了各自的道理,但令人遗憾的是,他们的警告对美国随后的对越升级政策的制定几乎没起到任何阻止作用。"罗斯托论点"所阐述的那些对北越施加压力的观点反倒开始支配着相当一部分行政高官的头脑。

事实上,在约翰逊小组完成他们的调查研究之前,罗斯托就同他的上级——国务卿腊斯克碰了面,向他汇报政策设计室就东南亚问题的报告所作的分析。罗斯托告诉腊斯克:美国对北越的军事行动和其他制裁"可以让它撤出战争。这主要是因为,如果不这样做,北越将冒着失去在政治上对它非常重要的工业发展;还因为它害怕被逼到共产党中国的怀抱里;同时也因为莫斯科、北京和河内都对战争升级表示关注"[1]。在此前一天,即1964年2月13日,罗斯托在写给腊斯克的备忘录中指出,美国轰炸北越会起作用,因为"胡志明在要保护的很多东西中,有一个大工业中心要保护:他已经不再是一个一无所有的游击战士"[2]。在这份备忘录中,罗斯托再次重申了他之前的立场,那就是要在更大的范围内获得国会对美国对越升级战支持的决议。正如我们所看到的,六个月后,政府的政策制定者们有了这样一份决议。东京湾事件给约翰逊总统

---

[1] Rostow Memorandum to the Secretary of State, "Contingency Planning for Southeast Asia," February 14, 1964, *FRUS, 1964—1968*, Ⅰ, *Vietnam*, 1964, pp.75, 76.

[2] Rostow, Memo to Rusk, "Southeast Asia," February 13, 1964, ibid., pp.73, 74.

提供了一个向国会寻求正式支持的机会。

在可看到的文件中根本找不到这样的内容,那就是:罗斯托曾告诉过国务卿腊斯克,自己的研究小组并不支持自己对国务卿的保证,即对北越的轰炸可以拯救南越。同时,文件也没有任何迹象表明这个小组所做出的判断对最高的政策制定者们产生过影响。

1964年4月至6月,约翰逊政府加快了对越政策制定的步伐。白宫、国务院和国防部的高级官员们一个会议接一个会议地开,讨论对北越作战的方法,没有一个人提出应该参考罗伯特·约翰逊研究小组对罗斯托轰炸北越的论点所做出的结论。如在5月间由国防部长麦克纳马拉、助理国务卿威廉·邦迪和中央情报局局长麦克库恩参加的总统会议上,约翰逊被告知越南的局势很不稳定。那里的机会目前是一半对一半。但在没对北越采取行动的情况下,越南和老挝的局势"将在下半年急剧恶化,以致很难解救"。根据中央情报局所保存的邦迪的录音档案显示,从3月初以来,一个"精选的小组一直在就如果轰炸北越所造成的可能后果进行研究"[①]。但录音并没有显示邦迪是否告诉了总统3月这个情报小组得出的结论是罗斯托的轰炸论点不可行。

此后,随着越南局势的不断恶化,罗斯托轰炸北越的论点不断被政策制定者们拿出来讨论、测试。支持者有之,反对者亦有之。

由于大选临近,约翰逊坚信采取在越南军事逐渐升级的较温和的方式有利于击败竞争对手,而且也可以分出一些精力进行他

---

① William P. Bundy, Memorandum for the President, "Possible Action against North Vietnam," May 18, 1964. As reproduced in CIA/IG Report, p. 60.

罗斯托　的"伟大社会"的国内改革,再加之轰炸的费用比起其他保护南越独立的方法要低得多,因此约翰逊选择了罗斯托的方案。1964年3月17日,约翰逊批准了对北越进行"逐步的、公开的军事压力"的《第288号国家安全行动备忘录》。

就在约翰逊签署《第288号国家安全行动备忘录》前两个星期,一次偶然的误会把罗斯托推到了约翰逊面前。戴维·米尔恩(David Milne)在他的书中这样描述道:

> 1964年2月底,约翰逊曾把北越支持南越叛乱形容成是"很危险的游戏"。没想到媒体把他的话描述成是美国对越政策升级的转折点。约翰逊对此十分苦恼。《华盛顿邮报》记者查尔默斯·罗伯茨(Chalmers Roberts)找到罗斯托来澄清此事。罗斯托不得不指责北越,并宣称总统对北越向南方渗透一事十分关注。3月2日,约翰逊向麦克纳马拉透露:"我这一个星期都气炸了。"他对他的国防部长抱怨说,他从"西贡那边的人"那里得知"罗斯托在宣传美国真的要侵袭北越……现在他们想把这件事同更高层的人挂上钩,并说侵袭北越这句话是我说的"。约翰逊对罗斯托可能跟媒体讨论过如此敏感的话题感到愤怒。而此时的罗斯托正在度假……
>
> 当他结束了一天的滑雪,正在享受温水浴时,接到了发怒的总统的电话。总统很生气地告诉他,媒体把他的名字跟轰炸政策连在了一起,而且他们还宣称这是政府的意思。约翰逊抱怨道:"他们还引用你的话,说你支持第六号计划或者是什么我不知道的计划。""总统都不知

道政府的立场,你怎么能知道?"被训斥的罗斯托喃喃地解释说他没有特意去泄露任何信息。但在五天后罗斯托就较全面地回应了约翰逊对他的指责。"从我在布拉格要塞演讲起,"罗斯托小心地解释,"我的名字一直是同这样的主张联系在一起的,那就是:只有停止北方对南越的渗透,只有让胡志明付出的代价远比他在老挝和南越的冒险大得多,南越的战争才会获胜。……我的这个想法可以追溯到很远……公众参考我的是这个事实,而不是基于目前的行动。"很幸运的是,从罗斯托的职业背景看,他的这种解释足以让总统的愤怒平息。正如约翰逊1964年晚些时候所说的那句热情洋溢的话,"在国务院我唯一能得到新观点的地方就是政策设计室"①。

支持罗斯托观点的人都深信多米诺骨牌理论。在《第288号国家安全行动备忘录》中,"美国在南越的目标"被列入在相同的标题下。在这份文件中,国家安全委员会把多米诺骨牌理论正式列为美国政策的一部分。《第288号国家安全行动备忘录》宣称,除非南越能变成一个有活力、独立的非共产党国家,否则所有东南亚国家都将可能"落入"共产党统治之下或置于共产党的影响之下。"甚至菲律宾都将被动摇。(共产党)对西部的印度,南边的澳大利亚和新西兰,以及北边和东边的台湾、韩国和日本所构成的威胁将急剧增加。"②

---

① David Milne, *America's Rasputin*, pp. 141—142.
② *Pentagon Papers*, Vol. Ⅲ, pp. 3—5.

罗斯托

约翰逊总统对多米诺骨牌理论深信不疑,且大力支持。他在 1965 年 2 月 13 日批准了美军同南越军队一起对停留在北纬 19 度以南的北越军事目标进行有选择的、精确的、有限的空中行动。为了进一步说明他做出这一决定的原因,约翰逊生动地描述了 1964 年至 1965 年远东的整个形势,以期人们能明白什么在威胁着远东的局势。美国之所以这样做,就是因为美国没有孤立地看待越南问题:

> 1964 年 10 月,中国进行了第一次核爆炸。北京许诺给予河内全力支持,并极力主张在非共产党的欠发达国家里进行"民族解放战争"以解决所有的问题。中国人正在训练泰国游击队。泰国"解放阵线"在中国的支持下已经建立……除了中国以外,最具威胁性的变化发生在印度尼西亚。在那里,苏加诺总统已日益把印度尼西亚共产党作为其政权的重要支持者……北京—雅加达轴心的基础已经建立。1965 年 1 月,苏加诺让印尼退出了联合国,并威胁要成立一个敌对组织……同时,他正在领导一场破坏新马来西亚联盟的运动……1965 年在马来西亚,国家解放联盟以同越南和泰国前任们相同的方式出现,当然毫无疑问地受到同样的支持……苏加诺和中国都在忙于讨好柬埔寨王子诺罗敦·西哈努克……在老挝最北部的两个省份,中国已取得决定性的影响。北越已把老挝东部和狭长地带变成了其深入南越北部的主要供给线……再往北,另一个共产党伙伴正在跃跃欲试——那就是北朝鲜。平壤政权正在全力帮助北越……我肯定北

朝鲜正等待我们被赶出越南,然后它就会发起对南朝鲜的进攻。这样我们所看到的雅加达—河内—北京—平壤轴心正在快速形成……这一新轴心的成员们无疑正在期待南越的垮台和美国不光彩的撤军……到那时,整个地区都将变成它们的了。①

1965年7月17日,约翰逊下令增加在越参战部队。究其原因,约翰逊写道:

> 首先,所有迹象对我来说都表明整个东南亚看上去都将落入共产党统治之下,或快或慢,但终究是不可避免,新加坡肯定在其中,其南部的雅加达也几乎可能肯定包括在内……第二,我知道我们的人民很清楚地认识到,如果我们走开,让东南亚倒下,那随后将会在我们的国家引发一场具有分裂性和破坏性的争论……第三,我们的同盟国,不仅在亚洲,而且在全世界,都将做出这样的结论,那就是我们的诺言含金量极少或者根本就一文不值。那些长期依靠我们来保护它们安全的国家将会被深深地动摇并极易受攻击。第四,就我所了解到的莫斯科和北京的政策及行动,我十分肯定,如果我们不承担我们的义务……它们将采取行动来利用美国和自由世界联盟的混乱。它们可能单独也可能一起采取行动。但是它们所采取的行动最终会导致……我肯定是美国不愿意忍受的结

---

① Lyndon B. Johnson, *The Vantage Point: Perspectives of the Presidency 1963—1969*, New York: Holt, Rinehart and Winston, 1971, pp. 134—136.

罗斯托　果。随着莫斯科、北京也许还有其他国家在采取行动,我们应该在它们之前恢复阻止它们全面夺取欧洲、亚洲和中东的世界任务。①

4月,罗斯托的"轰炸北越能解救南越"的理论再次被检测。这次的检测是通过参谋长联席会议组织的代号为SIGMA-I的军事政治一体的军事演习来进行的。然而,演习者们发现他们所安排的分等级逐步升级战根本没起作用:北越并没有在增大的压力下屈服,相反它往南越派遣了更多的士兵。随着演习的深入,南越的军事、政治形势恶化,美国也在没取得胜利的情况下结束了战争。基于此,美国在对越政策上局限在了两个毫无希望的选择上。一个是美国可以通过扩大对北越的敌对来寻求军事解决——参与演习的人员断定这种选择将冒着重蹈朝鲜战争中大批中国军队介入的风险;另一个是华盛顿可以使战争降级——演习者们认为这种选择将会使美国付出其可信度和威望显著丧失的代价。②

演习的结果令人沮丧,于是又有人对"罗斯托论点"提出了反对。反对者认为攻击北越将拯救南越的概念"太模糊",因为"越共的力量和其主要获得的支持主要来源于本土。即使现在可以切断北越对越共的指挥和支持,但也不能保证南越的胜利"。进攻北越应该被当做一个辅助的行动步骤。它不是万能的。这种行动步骤"只有在南越政治军事发生重大改进的时候"才会起作用。另外,

---

① Lyndon B. Johnson, *The Vantage Point: Perspectives of the Presidency 1963—1969*, pp. 151—152.

② Robert Johnson,"Escalation Then and Now," pp. 136—137.

他们还指出,军事演习严重低估了敌对的公众、国会和世界舆论的作用和影响:"人们将普遍关注美国正在冒险进行的大规模作战,而这大规模作战仅仅是为了一个看上去并不渴望解救自己的国家和连自身都不能肯定能否会在南越实现的目标。"反对派的结论是:"美国不应该草率地行动起来反对北越。我们应事先了解清楚我们将面临的军事和政治情况。除非南越有足够的军事政治潜力可以值得为之付出努力,否则,美国就只对它的主要武装力量进行不相干的训练。"①

虽然军事演习的结果证实了罗斯托轰炸北越论点的不可行性,但它丝毫没有停止或减缓约翰逊政府对北越所迈出的深思熟虑的步伐。根据文件显示,唯一对 SIGMA-Ⅰ军事演习所得出的否定结果高度重视的高官就是副国务卿乔治·鲍尔(George Ball)。他曾在几个星期后询问国务卿腊斯克,为什么美国在"面临最近的演习已证明这种战术无效"的情况下还要考虑对北越采取空中行动。② 当然,鲍尔没有得到任何答案。

1964年9月,约翰逊政府的官员们又一次以军事演习的形式来验证"罗斯托论点"。这个参谋长联席会议组织的第二次政治军事演习代号为 SIGMA-Ⅱ。目的是评估轰炸升级会对河内产生哪些影响。这次参加演习的绝大多数不再是工作层面上的官员,

---

① "Comment on the Vietnam War Games,SIGMA-I-64,6—9 April 1964," 16 April 1964. 引自 Harold P. Ford,"The US Decision to Go Big in Vietnam", *Studies in Intelligence*, Vol. 29, No. 1 (Spring 1985), pp. 7—8.

② George Ball, Letter to Rusk, May 31, 1964, *FRUS, 1964—1968*, Ⅰ, *Vietnam*, 1964, p. 404.

罗斯托

而是参谋长联席会议主席厄尔勒·惠勒(Earle Wheeler)、柯蒂斯·李梅将军、国防部副部长赛勒斯·万斯(Cyrus Vance)、麦乔治·邦迪和其他负责人。像前一次军事演习一样,SIGMA-Ⅱ又是以僵局的局面结束。美军轰炸北越并没能让胜利来得更快些,它只取得了有限的效果,根本谈不上从本质上改变那里的形势。

然而,像 SIGMA-Ⅰ军事演习一样,SIGMA-Ⅱ军事演习那同样令人沮丧的结果也并没有动摇高层政策制定者们的信心。他们依然相信解救南越的方法就是轰炸北越以及往南越派遣战斗部队。

对"罗斯托论点"进行最后检测的是一个国家安全委员会工作小组。这次的检测是因为11月1日越共摧毁了5架、损伤了8架位于西贡附近一个飞机场里的 B-57 轰炸机;打死了4名美国人、打伤多人。参谋长联席会议建议立即给予北越快速强烈的反应,包括空中打击。但是此时正值总统竞选的前夕,腊斯克表示:"我们不可避免地受到选举的影响。因为这种时候快速报复行动很容易受到攻击。"①

约翰逊也没有接受这些对北越进行报复的建议,而是委任了一个国家安全委员会工作小组就直接对北越的军事行动要采取的政治和军事上的不同选项进行评估。该小组由助理国务卿比尔·邦迪负责。他们的任务不是要决定美国是不是应该在越南进行升级战,而是要对美国如何进行分等级逐步升级战提出建议。

在约翰逊竞选成功后不久,邦迪小组就提出了三个可供选择

---

① *FRUS*, *1964—1968*, Ⅰ, *Vietnam*, 1964, p. 878.

的美国空袭北越的方案：报复性打击；突然、剧烈且密集的轰炸；分层次等级的空袭。几个星期后，美国开始对北越有系统地轰炸时就是使用了第三种方案，即分层次等级的空袭，而这也就是罗斯托一直推崇的主张。

需要指出的是，在邦迪小组内部同样有反对的声音。来自情报部门的官员们就对轰炸北越能否奏效提出了质疑，认为轰炸北越不会迫使河内减少对越共的支持。理由是河内的领导人之所以投入战争并维持着战争优势，是因为他们对美国"了如指掌"，认为美国正面临着的困难"如此之大，以至于美国维持抵抗的愿望和能力会被慢慢腐蚀掉——不会冒着极度风险给北越和共产党中国以毁灭性打击"①。

针对罗斯托的"越南民主共和国已经有了工业基础，它的领导人不希望这个工业基础被破坏掉"一说，这些情报部门的官员们认为虽然北越的领导人"既敏锐又紧张地意识到"他们的交通系统和工厂极易受到攻击，但是北越的经济"基本上还是农业经济，在很大程度上分散于无数个经济自足村里"。因此，即使美国期望削弱北越的工业、限制北越的军事能力，并在一定程度上降低北越支持南越和老挝游击战的能力，美国也不大可能"对北越绝大多数人的

---

① 有关邦迪小组的研究，可参看 FRUS, *1964—1968*, pp. 882—883, 914—929; *Pentagon Papers* (Gravel ed.), Vol. III, Boston: Beacon Press, 1971, pp. 210—215, 645—655; Halberstam, *The Best and the Brightest*, pp. 501—502; Larry E. Cable, *Conflict of Myths: The Development of American Counter-insurgency Doctrine and the Vietnam War*, New York: New York University Press, 1986, pp. 237—238; Robert L. Gallucci, *Neither Peace Nor Honor: The Politics of American Military Policy in Vietnam*, Baltimore: Johns Hopkins University Press, 1975, pp. 41—45。

罗斯托　日常生活产生决定性影响"。同时,美国所实施的轰炸也不大可能造成难以操纵的控制问题或导致河内领导人因所蒙受的损失而畏缩。

另外,情报部门的官员们还推断说,河内"可能会相信有相当大的国际压力"会反对美国对北越扩大战争。这种否定的世界舆论"可以迫使美国缓和其对北越的进攻,并使它最终坐在谈判桌前"①。

他们的分析不仅包含了对"罗斯托论点"一旦付诸实施后所要付出的代价和危险的评估,而且还提请不要把"罗斯托论点"作为美国一项总的可对外宣布的政策。原因是:就目前的各种看法而言,对"罗斯托论点"付诸实施将会使国内外的反对派从抗议、谴责变成努力分化美国的政策及美国同其盟友的关系,甚至会采取更强烈的对策。他们认为,罗斯托方案可被看成是游戏规则中不稳定的变数,是冲突的升级,是所分担的国际风险的增加,而且在很大程度上还有可能被看成是遭谴责的公开侵略。他们认为,把"罗斯托论点"作为美国一项总的可对外宣布的政策需要在实施之前公开化,因为它要获得国会和公众舆论对在特定条件下运行该方案的支持。但是,他们建议,在美国还没准备按罗斯托方案行动之前就把它公布出来是非常不明智的。

在国家安全委员会工作小组的讨论研究过程中,还有一个问题被提及,那就是美国会不会在某种情况下使用核武器。如果共

---

①　有关邦迪小组中情报官员们的观点,全文可参看 *Pentagon Papers* (Gravel ed.), Vol. Ⅲ, pp. 651—656。

产党采取极端行动,美国将被迫在领土丧失、地面战失败和使用战术核武器之间做出选择。当然,选择使用核武器连邦迪自己都认为将会给美国带来灾难性的后果,所以,在他们的报告中对此根本没有提及。但这一事件足以证明当时美国对越政策的窘境以及邦迪小组研究的深度。

但是,这最后一次对罗斯托轰炸北越理论的质疑同样没对美国最后政策的制定产生任何作用。当11月19日约翰逊同他的主要顾问们会面询问邦迪小组的进展报告时,腊斯克、麦克纳马拉和邦迪自己都没有向总统提及上述的反对意见。两天后,当国家安全委员会工作小组的最终报告递交上去的时候,报告里根本就找不到任何反对的迹象。高层政策顾问们又一次把同自己不一致的观点置之一旁。

但如果说在政府高层就对北越施加军事压力已经取得了一致的话,那也不是事实。总的来说,军事部门(包括美军驻越军援司令部、美国太平洋司令部和参谋长联席会议)赞同对北越发起强大攻势以阻断北越向南越渗透的路线、破坏北越支持叛乱的整体实力,并摧毁北越继续支持越共的意志。而国务院(除了乔治·鲍尔以外)和国防部长麦克纳马拉的文职顾问们则赞同逐渐对北越施加一系列的压力,使北越慢慢地在"胡萝卜和大棒"的共同作用下按照美国的条件解决战争问题。还有,像国务院所期待的那样,他们对这样的行动所产生的国际政治影响也十分关注。轰炸北越将不仅对南越而且对其他东南亚国家展示美国的决心,当然还包括中国,因为中国的牵制作用也是美国全面卷入的一个重要理由之一。美国大使泰勒支持打击北越的原因则同上述观点有一些不

罗斯托

同。他把美国的行动看做是减少北越渗透、鼓舞南越人民士气的一种手段。而作为国务院政策设计室主任,罗斯托则更强调把美国所施加的各种压力看做是给北越和中国的一个明白无误的信号,那就是美国有决心、有毅力,甘愿为维护1954年和1962年的《日内瓦协定》而大量投入。他在1964年4月23日写给国务卿的备忘录中指出,老挝和南越局势的不断恶化很难确保河内遵守《日内瓦协定》。可预见的恶化即将来临。他暗示美国,应尽快采取必要的行动。到了11月,罗斯托又略改之前的说法,只提对北越的军事压力是美国向河内发出的其决心承担义务的信号①,即美国"已经准备好并有能力对付北越所上演的任何级别的升级战"②。

"罗斯托论点"的实施

万事俱备只欠东风的罗斯托终于等来了能让总统接受他的主张的机会。这就是1964年8月爆发的东京湾(又称北部湾)事件。

1964年8月2日,美国在南越的驱逐舰"马多克斯"号在东京湾一带进行侦查任务时,遭到三艘北越巡逻鱼雷艇的攻击。"马多克斯"号受轻伤。4日,"马多克斯"号与另一艘美国巡航舰"特纳·乔伊"号报告称,它们在同一海域再次受到北越攻击,并对对手进行了猛烈的还击。

---

① *The Pentagon Papers* (Gravel ed.), Vol. Ⅲ, pp. 123, 135—136.
② Rostow, Memorandum for Secretary of Defense McNamara, "Military Dispositions and Political Signals." (Personal.) *FRUS, 1964—1968, Ⅰ, Vietnam,* 1964, pp. 906—907.

对 2 号发生的攻击,美国与北越均予以确认,但是对 4 号发生的所谓冲突,北越一直以来不予承认。1995 年武元甲在同美国前国防部长麦克纳马拉会面时还否定此事。① 事实上,即便是约翰逊总统本人也对此事件持怀疑态度,称两舰是"向鲸鱼发炮"②。1971 年 6 月,丹尼尔·艾尔斯伯格(Daniel Ellsberg)③向《纽约时报》发布了他拿到的长达 7000 页的五角大楼绝密文件,首次指出该事件系美方的夸大和虚构。2005 年美国国家安全局发表报告,进一步承认 8 月 2 日的事件是由"马多克斯"号率先开火警告而引起,8 月 4 日则"有很大可能"在附近根本没有北越军舰。美国国家安全局的完整报告已于 2008 年由美国科学家联盟出版。在新的解密报告中,美国承认 8 月 4 日的东京湾事件是自己的官员编造的,以使越南战争升级。从历史的角度看,这一做法确实起了作用。它让要对越采取直接军事行动的美国鹰派们兴奋不已,因为这是对越政策升级的最佳借口。

在这些人中有一个人尤其高兴,他就是罗斯托。作为向肯尼迪总统进言要武力干涉越南问题的第一人,他始终不懈地为这一目标努力着,不管是在总统身边,还是远离决策层。

据邦迪的国家安全委员会自由派成员詹姆斯·汤姆森(James Thomson, Jr.)称,东京湾事件爆发后,罗斯托得知这一消息备受

---

① "McNamara Asks Giap: What Happened in Tonkin Gulf?," November 9, 1995, Associated Press.
② Robert D. Schulzinger, *A Time for War: The United States and Vietnam, 1941—1975*, New York: Oxford University Press, 1997, p.151.
③ 丹尼尔·艾尔斯伯格曾是负责国际安全事务的助理国防部长约翰·麦克诺顿的特别助理,因 1971 年私自拷贝并向媒体提供五角大楼机密文件为世人所知。

罗斯托　鼓舞:"你明白,最妙的是它给了我们轰炸北越的机会,而我们甚至还不确定这件事到底有没有发生。虽然这一事件的证据还不清晰,但我们的绝佳机会已经在握了。"①

为了把握住这个机会,罗斯托在第二天就写信给腊斯克,除了表示美国不能放过这个机会外,更多的是对美国如何利用这次机会提的建议。他认为,这次事件可以把公众的舆论从美国是这一地区的边际捍卫者转移到直接同亚洲共产党对抗。美国应最大限度地利用这次共产党的进攻来调动美国的军队。不过罗斯托明白,同意轰炸北越最关键的人物还是总统约翰逊。

对约翰逊来说,民权法案的通过和年底的总统大选要比其他外交政策重要得多。况且,美国国内对越战也无太大兴趣。但尽管如此,越战仍然持续地进行着。如何在不让外交政策凌驾于国内政策的同时,又能让美国人民支持政府未来可能较为积极的越南政策,东京湾事件的出现无疑是解决此难题的最佳契机。美国不是主动挑衅,而是在两次受到北越袭击后,被迫予以还击。虽然美军没有伤亡,但这已足够让总统赢得民心,为他可能采取的积极的对越政策奠定了基础。

东京湾事件发生后数小时,约翰逊就下令美国空军对越南实施报复性轰炸,并且向国会提出给予总统广泛授权的决议案。当晚,约翰逊发表了电视演讲,宣称美国军舰遭到北越进攻,"作为总

---

① Jonathan Mirsky,"Wartime Lies," *New York Review of Books*, October 9, 2003.

统和三军统帅……我下令美国军队予以还击"①。美国舰载战斗轰炸机直扑北越几个海军基地和荣市附近的油库,经60余架次轰炸,击沉或重创25艘鱼雷快艇,摧毁荣市附近绝大部分储油罐。这是美国对北越第一次公开的武装进攻,标志着美国跨进了战争升级的大门槛。

第二天即8月5日,约翰逊在美国雪城大学第一次对公众发表演讲。罗斯托精心为他起草了演讲稿。演讲稿全文除了回顾美国在艾森豪威尔、肯尼迪和约翰逊三任总统期间美国的对越政策外,针对美国军舰被袭,演讲稿成功地把公众舆论引导到美国要采取军事行动保护东南亚上。

8月7日,国会几乎全票通过了东京湾决议案,授权总统根据他的判断,可以动用包括武力在内的一切行动来应对此事件。这实际上给予了总统约翰逊在不经宣战的情况下发动战争的权力。10日,1145号联合决议也正式生效。该决议规定:"美国把维护东南亚和平与安全当做是对美国国家利益和世界和平至关重要的事……因此,美国,正如总统已经决定的那样,准备使用所有手段,包括武力帮助东南亚集体防务条约组织的成员国捍卫它们的自由。"②

东京湾事件是越战的重大分水岭。美国对东京湾事件所采取的快速报复政策和国会的决议案正式公开地对外表明美国对越南

---

① Lyndon Johnson, Report on the Gulf of Tonkin Incident, August 4, 1964, http://millercenter.org/president/speeches/detail/3998.

② *Department of State Bulletin*, August 24, 1964, Washington D. C.: Government Printing Office, 1964.

罗斯托

和东南亚所承担的义务。它同时也明白无误地告诉河内如果他们还是一条路走到底的话,等待他们的将是什么。该事件对美国政府和公众的影响都是巨大的。它标志着美国跨越进了战争的门槛,而且还获得了公众的大力支持。之前对北越的打击不仅得到承认,而且所花的代价极小。美国做出的强硬反应标志着美国将正式出兵越南,美国开始对北越进行大规模战略轰炸,越战全面升级,从此美国陷入了二战以后美军参战人数最多、持续九年、影响最大的一场战争。

9月7日,决策层召开会议,确定在1964年最后三个多月的时间里美国对越的政策是:高度但有限的边际行动,包括美国军舰近海巡逻、对老挝走廊实行有限的空中和地面进攻以及对北越的任何进一步袭击做以牙还牙的准备。约翰逊并没有采纳罗斯托的主张。由于担心东京湾决议案的功效会消退,罗斯托对腊斯克重申:"我怀疑以牙还牙的方法是否明智……河内和北京所需要的是要让他们深信,我们已经决定采取对越升级政策,而这一政策会让河内考虑在南越的战争是否值得进行。"①

总的来说,这段时间美国对军事打击北越的原则没有异议,但对战术的使用则有诸多考虑。另外还有其他一些不确定因素的存在,如中国对越战升级的反应,如何设计行动方案才能最大限度地获得国会和公众的支持,再加上总统选举正在进行中,约翰逊要向公众展示自己是一个有理智、有克制能力的候选人。所有这些都

---

① Walt Rostow to Dean Rusk, September 19, 1964, *FRUS, 1964—1968*, Ⅰ, *Vietnam*, 1964, p. 784.

促使美国选择了一个让罗斯托不甚满意的政策。

1964年11月1日,北越袭击了美国位于边和的空军基地,造成人员死亡和飞机的损坏。但约翰逊并没有马上采取报复手段,而是下令组建一个跨机构的工作小组,重新评估美国对越政策,并为今后的对越政策提供可行的方案和建议。对约翰逊来说,此时总统选举已尘埃落定,而且也有足够的证据证明美国目前在越南所采取的措施不合适,因此他需要再次寻求新的观点和建议,一个能产生快速有效结果的低成本方案。

工作小组提供了三种选择:第一种是继续现有的军队和海军行动,包括对北越袭击的美军快速报复行动。第二种选择是对北越进行快速、持久、剧烈的军事打击。第三种相对于第二种来说较温和,那就是建立在罗斯托论点基础上的逐渐升级的空中打击。其目标不是为了彻底炸毁河内,而是通过有目标地轰炸北越的工业设施、石油储备、发电厂等来威慑北越,从而让它害怕,不再支持叛乱。

当这些建议提交给国家安全委员会审核时被批不现实,予以否定。但国家安全委员会的主要成员就工作小组的建议还在进行讨论时,美国驻南越大使泰勒加入进来。他汇报说南越局势相当不妙。要想提高南越的士气和信心,不让北越支持叛乱并让北越配合结束越共的叛乱,美国必须对北越实施军事打击。泰勒的报告对国家安全委员会以及约翰逊都产生了很大的影响。

国家安全委员会经过仔细研究,最后决定提交给总统一个分两步走的方案。第一步是美国现行政策的延伸,增加一些对老挝的空中打击以及对越共袭击美国军队的报复行动。第二步是在此

罗斯托　基础上逐步提升对北越的空中打击,即工作小组提出的第三个选择,也就是罗斯托的分等级逐步升级的方案。约翰逊很快就批准了第一阶段的方案,对第二阶段的方案表示原则性同意。约翰逊解释说:"每次当我拿到军事打击的提案时,对我来说就好像是要进行大规模的轰炸。我从来就不觉得这场战争是可以通过空中打击来取胜的。"他认为美国所需要的是更大更强的地面力量。"自1961年起我们就在增加自己的力量以进行一次这样的战争。我自己也准备大幅度增加美军在越南的数量,如果能用这种方式抗击越共的话。"①

针对这种情况,罗斯托开始了游说。他在11月16日以私人名义向麦克纳马拉游说轰炸北越的好处。他告诉麦克纳马拉,轰炸北越可以起到一箭三雕的作用,既"可以让北越明白他们遭到空袭是因为他们违反了1954年和1962年协议",又可以让他们知道"我们已经准备好并有能力扩大战果,同时我们也已准备好并有能力应对战争的升级"。他强调:"对北越最初的轰炸应尽可能是有限的、非血腥的。"我们的目的是要"确立原则而非打击报复"②。他还以他在二战中的亲身经历向约翰逊证明他的主张的正确性:"对德有步骤的精准轰炸……所产生的效果要远比大范围的空袭有效

---

① Telegram from the President to the Ambassador in Vietnam, December 30, 1965, *FRUS*, *1964—968*, Ⅰ, *Vietnam*, 1964, pp. 1057—1059.

② Personal Note from Walt W. Rostow to Robert McNamara on "Military Dispositions and Political Signals," November 16, 1964. *The Pentagon Papers* (Gravel Edition), Vol. Ⅲ, pp. 632—633.

得多。"①

到 1965 年 1 月底,情况出现了转机。总统国家安全事务特别助理邦迪和国防部长麦克纳马拉都开始认为美国应该实施第二阶段的方案了。1 月 27 日,邦迪同时代表麦克纳马拉写信给总统:"我们两个人都同意我们要尽一切努力以加强地面作战;同时,我们还要尽可能支持南越权力机构。但我们俩都确信,这其中的任何一种方法都不够。进行更痛苦的抉择的时候到来了。"②邦迪的言外之意是,现在是美国下决定采用空中袭击的方式轰炸北越的时候了。

这场有关是否扩大战争的争论因为北越在 2 月 7 日攻打美国在波来古(Pleiku)的军事基地而终止。这次袭击造成美国 8 人死亡,100 多人受伤,还有数架飞机受损。此时总统国家安全事务特别助理邦迪正在出访南越。巧合的是,苏联总理阿列克谢·柯西金也在这一时间访问河内。于是邦迪立刻致电约翰逊,说越共同苏联总理相勾结,对美"痛下战书",建议美国立即对北越实施报复。在给约翰逊的备忘录中,邦迪写道:"越南形势在恶化,没有新的美国军事行动去击败他们看来是不行了——也许不是在几周或几个月内,但一定要在年底之前。我们现在仍有时间去改变它,但时间不多。"在备忘录中所附的文件里,邦迪对持续报复北越的政策进行了概述。邦迪相信这个政策"是最可行、最有希望的政策。

---

① Walt Rostow to President Johnson, December 23, 1965, *FRUS*, *1964—1968*, Ⅲ, *Vietnam*, June-December 1965, p. 698.
② Geoffrey Warner,"The United States and Vietnam 1945—65, Part Ⅱ: 1954—65," *International Affairs*, Vol. 48, No. 4, October 1972, p. 607.

罗斯托

我周围的从华盛顿来的人都持有这一观点"①。邦迪的建议立刻得到批准。美国在3月开始了轰炸北越的滚雷行动。

罗斯托从1961年11月离开总统国家安全事务特别助理帮办的岗位起,就一直在为他的轰炸北越的观点游说。虽然1964年底美国对轰炸北越持认可的态度,但并没有实施具体的政策。罗斯托曾不无沮丧地说:"1962年我没能成功地说服肯尼迪,1964年我又没能成功地说服约翰逊。"②但从上面的论述中不难看出,尽管每次的政策讨论罗斯托都没有亲自参加,但在美国采取滚雷行动前一直就是否采纳罗斯托对越升级战进行着辩论,这足以证明罗斯托对美国决策过程的影响;而且,滚雷行动显而易见就是罗斯托的主张。

轰炸北越的滚雷行动并没有取得预期效果。罗斯托把它归咎于没有系统地轰炸北越的炼油厂和发电站。因此,他一再强调美国应该采取有系统、有步骤的但却是外科手术式的空袭,以摧毁河内和海防地区的石油、燃油和润滑油储备设施以及发电系统。罗斯托认为,北越在河内和海防地区有一个小型工业中心。如果炸毁该工业中心所

罗斯托(后排左起第三个)和政策设计室的成员(1965年)

---

① Geoffrey Warner, "The United States and Vietnam 1945—65, Part Ⅱ:1954—65," *International Affairs*, Vol. 48, No. 4, October 1972, pp. 607—615.

② Walt Rostow, *The Diffusion of Power*, p. 508.

依赖的发电厂,将极大地削弱北越的经济活动能力。他不赞成轰炸中越边界地区,认为美国这样做代价会很大。"最好是用最有限的方式对北越南部和老挝的交通道路进行集中、系统的战略轰炸,以提高北越对南越进行渗透的代价。"除了发电厂以外,石油储蓄设备也是罗斯托力主轰炸的目标。罗斯托分析说,北越向南越的渗透主要是通过卡车运输。虽然石油储备可能比较分散,但只要进行系统的轰炸,就一定能对北越的石油供给制造麻烦,进而影响它对南越的支持。① 虽然约翰逊此时并没有采纳罗斯托的主张,但我们知道随着越战的发展以及罗斯托被重用,他的主张也终于先后在 1966 年和 1967 年得到实施。

  1965 年 7 月 28 日对罗斯托来说是美国卷入越战的一个重要日子,一个木已成舟的日子。国防部长麦克纳马拉在视察南越后,建议总统应该增加美国地面部队来快速击败南越境内的越共。约翰逊接受了此建议,下令迅速增派 5 万名陆军到越南,以后如果需要还会继续增加。这样美国在越南的部队人数就达到了 12.5 万人。罗斯托对此持有异议。当然除了罗斯托外,其他一些鹰派人物如马克斯韦尔·泰勒将军也对此不甚满意。他们觉得空袭是对越战争最主要的方式,况且有系统、有步骤的轰炸还没进行。

  在罗斯托看来,美国增派地面部队存在三个问题。"第一个问题是这一决定是在北越派出常规军一年以后才姗姗来迟,没能对河内一步一步违反 1962 年有关老挝问题的《日内瓦协议》的行为给予决然反击……第二个问题是在 1965 年年中,南越已经在政治

---

① Walt Rostow, *The Diffusion of Power*, p.511.

罗斯托 上和军事上被打得几乎要屈膝投降了,所以美国所面临的最急迫的任务应该是如何避免南越被打败,而不是用美国军队去阻断河内和南方的接触……第三个问题是约翰逊选择了使用地面部队以造成政治和心理的逐步改变而不是剧变",并认为"这是可以降低苏联和中国军事干涉威胁的最好选择"。罗斯托进而指出:"这三个问题放在一起所构成的军事形式就是防御。"他批评说,就是"这种防御战略拖长了美国卷入越战的时间"①。

1965年底,一份对轰炸北越的评估报告显示,"美国的空袭并没有削弱北越的经济",同时也"没有迹象表明重创了北越的士气"②。但毕竟是经过了九个月的轰炸,约翰逊政府内部一些人开始认为北越应该愿意坐下来谈判了。于是,1965年12月,约翰逊接受了麦克纳马拉的建议,宣布暂停对北越的轰炸。然而令约翰逊感到尴尬的是,北越并不准备让步。暂停轰炸没有产生任何效果。为了不让共和党人指责自己的越战政策,约翰逊决定恢复对北越的轰炸,而且还要比以前来得更凶猛。

轰炸北越的什么目标成为政府内争论的话题。国防部长麦克纳马拉、国家安全顾问邦迪和国务卿腊斯克反对轰炸北越的石油、燃油和润滑油储备设施,担心会引起大批平民伤亡,从而引起国际舆论的反对,而白宫特别顾问马克斯韦尔·泰勒、参谋长联席会议主席厄尔·惠勒和罗斯托则持相反的态度。

---

① Walt Rostow, *The Diffusion of Power*, pp. 448—449.
② Special Intelligence Supplement, "An Appraisal of the Bombing of North Vietnam," December 21, 1965, *FRUS, 1964—1968*, Ⅲ, *Vietnam*, June-December 1965, p. 684.

1966年2月7—8日,约翰逊在火奴鲁鲁召开会议,讨论对越问题。罗斯托应邀参加。虽然这只是一次一般性的会议,但对罗斯托来说则显得非常重要。正如他自己所说的:"作为国务院的政策设计者,我当然一直在关注在越南发生的事件和政策的发展,但是是以一个中层政府机构人员的身份。很少有人征询我的看法。"①但是现在则不同了。火奴鲁鲁会议预示着经过五年多的圈外徘徊,罗斯托终于又回来参与政策的制定了。

随着1966年2月28日邦迪的辞职,罗斯托的继任,约翰逊政府将采取什么样的对越政策已经完全没有了悬念。但为了证明自己并非一心要扩大战争,约翰逊特意解释说:"我欣赏罗斯托,但我并不想从这里开始让每个人都认为我们要重新回到战争中,我们是强硬派。"②对约翰逊来说,南越的独立是至关重要的,而罗斯托是少有的几个知道如何实现这一目标的人,因为他有独到的见解、对工作的热情和对总统的忠心。"他是美国政府决策层中真诚的、货真价实的反共人士,是一个真正的信徒。"③

1966年4月19日,在总统办公室

总统国家安全事务特别助理是一个既拥有权力又可以接近总统的职位。作为国家安全顾问,不管罗斯托

---

① Walt Rostow, *The Diffusion of Power*, p. 453.
② David Milne, *America's Rasputin*, p. 163.
③ Townsend Hoopes, *The Limits of Intervention*, p. 20.

罗斯托 日后有什么主张、观点,他都可以直接向总统汇报,不必再顾忌国务卿或国防部长是不是赞成了。更重要的是,他还可以通过各种方法,如只讲对自己的主张有利的情况,来直接影响总统的决定。该职务不仅让罗斯托登上了他人生的政治巅峰,也给美国带来了意想不到的灾难。

第七章　政治巅峰

为了尽快让北越停止行动,我们一直在做两件事:(1)限制并阻挠北越的渗透;(2)给北越施加压力,使其付出足够多的军用和民用代价,从而尽早停止战争。

——罗斯托①

一意孤行的主战派

到 1966 年 4 月罗斯托取代邦迪成为总统国家安全事务特别助理时,约翰逊政府已经意识到他们在越南是骑虎难下了。罗斯托的观点依然如初,且异常坚定,那就是:这场战争一定要赢,也一定会赢。谈判只是浪费时间,因为北越的目的就是通过战争让更多

---

① Walt Rostow, *The Diffusion of Power*, p. 512.

罗斯托

的美国人起来反战。美国应该马上轰炸北越的石油、燃油和润滑油储备设施,以阻断北越军队对南越的渗透。

6月召开的国家安全委员会就罗斯托的提案进行了讨论。与以往不同的是,罗斯托的主张不仅再一次被拿出来进行讨论,而且这一主张的提出者也第一次亲自出席了讨论会。在这次会议上,麦克纳马拉一改之前的反对立场,认为"现在形势发生了变化……(北越)军事渗透越来越厉害……这样的进攻可以减少渗透"①。腊斯克虽然认为这种进攻会让人觉得是在打击北越的民用经济,但相比大规模轰炸北越,罗斯托的这种定点、逐步升级式进攻更能让他接受,因此他投了赞成票。6月29日,美国空军开始对北越的石油、燃油和润滑油储备设施进行轰炸。罗斯托信心满满地向约翰逊汇报:"我相信对北越的石油、燃油和润滑油储备设施进行的轰炸……已经吸引住了全国的注意力。我们的人民感觉到了新的决心、新的观点和新的希望。"②

然而,据1966年底美国情报部门的调查,美国对北越的石油、燃油和润滑油储备设施的轰炸并没有取得预期效果。因为有苏联和中国的支持,北越的士气、运输及经济都没受到重创。对此,罗斯托不仅挑选对自己有利的情报,而且还对约翰逊报喜不报忧。他曾自相矛盾地辩解:"显然轰炸本身没能让河内坐在谈判桌前,但我们已经使用过的军事、民事和外交手段不也是一样吗?""我们

---

① Summary Notes of 550th NSC Meeting, June 17, 1966, *FRUS, 1964—1968*, *Ⅳ*, *Vietnam*, 1966, p. 439.

② Walt Rostow to President Johnson, July 7, 1966, *FRUS, 1964—1968*, *Ⅳ*, *Vietnam*, 1966, p. 492.

所实施的轰炸不是起决定性作用的。"①"我们现在应该开始更大规模地轰炸北越"②,轰炸北越的发电厂、工业、港口设施、水闸和大坝。约翰逊的副国务卿尼古拉斯·卡岑巴赫(Nicholas Katzenbach)在一次就轰炸目标进行辩论后说道:"我终于知道了我和沃尔特之间的区别。我是那个被打下来并被关进德国监狱两年的飞行员,而沃尔特则是那个为我挑选进攻目标的人。"③

在每一次转折关头,罗斯托都支持战争的升级。1965年3月美国对北越的滚雷行动,罗斯托主张对北越实施持续的轰炸,但是是局限在有限的目标上。到1966年5月,罗斯托力挺"有系统地、分步骤地持续轰炸",以摧毁河内和海防地区石油设施,切断北越对南越共产党的供给。现在,罗斯托又改为支持参谋长联席会议的主张,提出扩大轰炸目标。而之前以摧毁北越作战能力为目标现在也转变为以摧毁北越作战意志为目标。

作为总统国家安全事务特别助理的罗斯托一提出此建议,立刻就引起决策层的争论。国防部长麦克纳马拉明确表示反对,他强调:"滚雷行动既没有明显地阻止河内的渗透,也没有摧垮河内的意志。这是情报部门一致的看法。"④他建议总统在适当的时候停止对北越的所有轰炸。国务卿腊斯克态度暧昧,既同意应该让南越承担更多的安全义务,又怀疑停止轰炸是否有效。罗斯托反

---

① Walt Rostow to President Johnson, September 15, 1966, *FRUS*, 1964—1968, Ⅳ, *Vietnam*, 1966, pp. 633—634.
② Walt Rostow to President Johnson, November 9, 1966, ibid., p. 812.
③ David Halberstam, *The Best and the Brightest*, p. 200.
④ Robert S. McNamara to President Johnson, October 14, 1966, *FRUS*, 1964—1968, Ⅳ, *Vietnam*, 1966, p. 728.

罗斯托

对无条件停止轰炸,认为这不仅是对河内也是对美国人民的一种软弱的表现。总统约翰逊一方面对美国没能成功地镇压暴乱感到恼怒,另一方面又对冲突引起的流血事件头痛不已,而且此时也正好处于中期选举,约翰逊不想让共和党抓住把柄进行攻击。决策层对接下来采取什么样的政策产生了分歧。越战也进入胶着状态。

罗斯托(左一)、邦迪、副国务卿卡岑巴赫、腊斯克、约翰逊、麦克纳马拉等开早餐会(1967年)

空中打击的目标不能扩大,那就加强地面部队。1967年4月27日,美国军方提交给总统一个方案:增派20万人的军队到位于老挝的胡志明小道上去分隔开南北越。罗斯托给予积极响应:"我们赞成来一次大决战,因为在老挝有通向南越的胡志明小道;在老挝,北越不得不为其至关重要的供给线和避难所而作战。这不是像以前他们可以抽身的消耗战。他们将以我们的方式进行战争,因为他们将面对的是我们强大的炮火和空中力量。"为了更有说服力,罗斯托还举了朝鲜战争中的例子:"我们目睹了1951年在朝鲜三八线进行的类似战役。当时是马修·里奇韦将军（General Matthew Ridgeway）组织的。这次战役抑制住了从鸭绿江的后撤，并最终导致停战。"

然而，这个罗斯托坚决支持的方案被总统、腊斯克和麦克纳马拉否决了。约翰逊想要保护南越以及东南亚，但他并不想把中国牵扯进来，从而进行一场更大范围的战争，甚至可能是核战争。罗斯托对此则不以为然。他认为"中国国内的危机降低了中国干涉越南的可能性"①，而且"中国所面临的问题还会让河内更容易地走出战争"②。他虽然不满总统把这些担忧"过分夸大"③，但是罗斯托明白，总统不同于他的顾问们，他是作决定的人。用腊斯克的话说："如果我力劝总统采取某种行动，总统采纳了，但事后发现是错误的，我可以给总统打个电话，对他说'对不起，先生'，然后辞职，从他的视野中消失。而总统则必须忍受自己做出的决定及其产生的后果。"④罗斯托的善解人意及对总统的忠诚，使他得以保持同约翰逊的密切关系，并"同总统并肩战斗到最后一天。但是对战争采取的方式"，罗斯托则是"坚决反对的"⑤。罗斯托在日后的书中用威斯特摩兰将军的话概括了自己对约翰逊的看法："他非常害怕这会升级为一场世界大战。他的战略目标之一就是限制战争。他不

---

① Walt Rostow to President Johnson, July 25, 1966, *FRUS, 1964—1968*, XXX, *China*, p. 360.
② Walt Rostow to President Johnson, September 20, 1966, ibid., p. 396.
③ Walt Rostow, *Concept and Controversy*, p. 302.
④ Ibid.
⑤ Ibid., pp. 302—303.

罗斯托

想让它扩大……我感觉我们的手脚被捆住了。"①

尽管约翰逊不希望战争升级,但他还是在罗斯托的一再坚持下采纳了他的部分主张,一点点地扩大战争。4月8日,美军轰炸了河内中心发电站;20日,炸毁了海防地区的火力发电厂;5月9日,轰炸了河内的火力发电厂。由于国防部长麦克纳马拉、福特基金会主席、前总统国家安全事务特别助理麦乔治·邦迪,负责亚太事务的助理国务卿威廉·邦迪和国防部负责国际安全事务的助理部长约翰·麦克诺顿(John McNaughton)在7、8月间联名反对美国轰炸升级,罗斯托所坚持的派更多的作战部队、入侵北越以及取消对轰炸的限制的主张没能得到约翰逊的同意。显然,在面临政府在对越政策上出现的分裂,约翰逊尽可能做的就是在罗斯托的极端主义和麦克纳马拉的保守主义之间寻找平衡点。一方面,约翰逊采纳罗斯托部分建议,有选择地扩大轰炸目标;另一方面,又同意麦克纳马拉提出的代号"宾夕法尼亚"的和谈倡议,并派基辛格通过法国同北越谈判。

罗斯托一向不看好由第三方发起并参与的谈判。他认为只有在越南南方获得军事和政治的转折点的时候,才可以实现谈谈打打的局面。现在这种形势只能打,不能谈。因此,他反对麦克纳马拉希望减少轰炸以配合谈判的要求,指出这完全没有必要。在9月26日的会议上,他明确无误地告诉麦克纳马拉:"我一点也看不出轰炸和谈判有什么关系。我不认为(减少)轰炸会让我们取得谈判的成功。"总统显然是站在罗斯托一边的。他认为北越"根本没

---

① Walt Rostow, *Concept and Controversy*, p.303.

打算进行谈判,就像我们没打算投降一样"①。1967年晚些时候,宾夕法尼亚谈判无疾而终。

为了向总统证明轰炸北越是有效的,罗斯托特意给总统看了一些中央情报局截获的北越市民表达对战争幻想破灭的信件。一个士兵悲伤地写道:"我的兄弟们两三个星期才能回家一次,因为从一个地方到另一个地方很危易。他们总是来轰炸公路。最可怕的是他们的杀伤炸弹。"还有一封信写道:"美国侵略者像疯子一样攻击我们可爱的首都。"②罗斯托还向约翰逊列举了在朝鲜战争中美国通过一些猛烈的轰炸,如对朝鲜堤坝的轰炸使朝鲜问题得以解决的例子,表明美国也应该轰炸北越的堤坝。此时的罗斯托已热衷于把他的政策建立在死亡统计数字上,这同他温和的品行背道而驰。他要摧毁亚洲共产党统治的残暴手段同他对人类的友善形成一种奇怪的对比。

罗斯托的这个建议让国防部长麦克纳马拉感到十分震惊。他在11月给总统的备忘录中强调:"没有理由相信……持续的严重伤亡或空中猛烈打击会摧垮北越的意志……没有什么可以摧垮他们会胜利的信念。"他已不相信美国的轰炸和地面作战部队,他建议美国对越采取"稳定"政策,希望总统把战争的重担逐步移交给南越,至少也要让北越明白"我们的轰炸不是要阻止和平的政治解决"。对此,罗斯托反击说:"单方面停止轰炸以及对外宣布'稳定'政策会被河内看做是软弱的标志……这只会帮助北越解决问题,

---

① President Johnson to Robert S. McNamara, Notes of Meeting, September 26, 1967, *FRUS*, *1964—1968*, V, *Vietnam*, 1967, p. 824.

② David Milne, *America's Rasputin*, p. 201.

罗斯托

并使他们可以理直气壮地推迟谈判。"① 此时的麦克纳马拉开始怀疑美国对越政策。他已不能确信增兵到南越并对北越加强轰炸可以让美国赢得这场战争。

罗斯托与麦克纳马拉就美国对越政策之争最终以麦克纳马拉的下台而告结束。这也意味着罗斯托对北越轰炸升级的政策得到约翰逊的支持。从1965年起,罗斯托轰炸逐步升级的主张就得到约翰逊赏识。在随后的两年中,他不断建议总统加大空中打击密度,相信轰炸既可以摧垮北越人民的斗志,又可以让北越付出无法承担的

罗斯托在白宫会议上讲话(1967年)

经济代价。他对战争的乐观态度以及认为轰炸升级有助于总统连任的观点都深得约翰逊的欢心。约翰逊越来越依赖罗斯托。

1968年1月,北越发动了空前规模的春节攻势。超过8万北越军队和越共游击队对南越几乎所有的大小城市以及美国在南越的基地发起了大规模进攻。在这个春节攻势中,北越部队有3万余人阵亡、4万人负伤。春节攻势的惨烈状况使美国公众感到震惊。美国主要新闻周报如《时代》、《新闻周刊》首次刊文批评越战。约翰逊总统和威斯特摩兰将军一直宣称北越在一步步被削弱,并承诺战争会在短期内结束。但春节攻势显然同美国政府所宣传的相矛盾,因为它表明北越依然具有巨大的军事力量,越南战争的结

---

① David Milne, *America's Rasputin*, pp. 202—203.

束依然遥遥无期。

其实,约翰逊和罗斯托对北越发起的这次攻势事先已经从截获的文件中知晓(罗斯托因不满许多截获的文件没有被合理利用而于1967年11月起直接插手原始情报的审查),但让他们没有料到的是美国公众会有如此激烈的反应。对北越来说,虽然军事上失败了,但却赢得了精神及宣传上的胜利。这一点完全出乎罗斯托的意料。罗斯托在他的回忆录中承认自己犯了一个错误,那就是"在1968年1月17日我做的国情咨文中没有太多地提及越南……没有细谈敌军的建设,对我已确信即将爆发的大作战也没有发出警告……如果我能预测到这些,美国人民就会对即将发生的事件做好充足的准备"①。那越战的结局就会大不一样了。

就罗斯托而言,他从来就没有放弃过他的信念,那就是在老挝的胡志明小道或北越南部增加美国地面部队,以切断北越对南越叛军的供给。这是缩短战争的唯一方法。如果不这样做,美国将陷入持久且令人难以预料的战争中。"那种认为不能让敌人付出的代价太高的观点在我看来是荒谬可笑的。"②在国家安全委员会工作的罗斯托的助手理查德·穆斯(Richard Moose)事后指出:"罗斯托是按照给北越和越共造成多少伤亡来考虑问题的。多年后我们才知道实际上他们的损失是惊人的,而林登·约翰逊的形象损

---

① Walt Rostow, *The Diffusion of Power*, p. 481.
② Herbert Y. Schandler, *The Unmaking of a President: Lyndon Johnson and Vietnam*, New Jersey: Princeton University Press, 1977, p. 307.

罗斯托

失更是巨大的。"①

和许多人不同的是,罗斯托把春节攻势看做是让北越在政治上和军事上极大受挫的攻势,而且它还为美国提供了新的机会。为了防止约翰逊改变政策,重新评估越战,罗斯托极力说服总统,让他相信春节攻势实际上是美国军事上的胜利,美国应该乘胜追击,再派威斯特摩兰将军所要求的20.6万的增兵去越南以完全消灭敌军。他给总统打气:"现在是一个战争统帅而不是一个寻求和平的人士发表演讲的时候了。"②罗斯托认为,美国民众在对春节攻势表示震惊后,"团结在国旗周围"的作用依然会持续。只要总统表明立场,公众舆论就会受到影响转而支持总统。

然而,春节攻势已经无法改变地成为越南战争的转折点。新任国防部长克拉克·克利福德(Clark Clifford)同他的前任一样对美国继续卷入越战持悲观态度。他告诉总统:"如果我们继续派兵到越南,我们将不可能找到走出越战的方法。"如果总统同意了威斯特摩兰将军要求派兵的请求,那他很快就会面临威斯特摩兰将军的下一个要求再增派兵力的请求。周而复始,没有尽头。③

美国政府高层内部已经失去了战意。当威斯特摩兰将军计划动用20.6万的增兵以完全消灭敌军的要求被泄漏出去时,美国大众更是普遍认为这是美国驻越南部队的濒死挣扎,国内反战情绪

---

① "Walt Rostow, Adviser to Kennedy and Johnson, Dies at 86," *New York Times*, February 15, 2003, A23.

② Walt Rostow to President Johnson, February 8, 1968. 引自 David Milne, *America' Rasputin*, p. 214。

③ Ibid., p. 220。

高涨,最后迫使原本同意增援的约翰逊放弃了增援。1968年3月31日,美国总统林登·约翰逊发表演讲,终止"滚雷"行动,表示美国军队将逐步撤出越南,并宣布放弃竞选下任总统以集中精力解决越南问题。

一项盖洛普民意调查发现,在春节攻势爆发伊始,自称是主战派的人数从1967年12月9日至13日的52%增加到1968年2月3日至7日的61%。但仅一个星期后,民意调查就显示,支持约翰逊扩大战争的人数比率开始下降。从2月到6月间,支持美国撤兵的人数从28%猛增到49%,而支持扩大战争的人数从53%跌到35%,希望维持现状的人数从10%降到8%。出现这种状况,罗斯托把它归咎为约翰逊在春节攻势后没有马上采取强硬的军事手段以及他3月31日表示放弃竞选下任总统的演讲。因为这个演讲被广泛认为是总统承认美国对越政策的失败。①

但是对罗斯托和腊斯克来说,他们并不认为约翰逊3月的决定意味着美国对越政策的改变。他们觉得总统的声明是为了获得公众的支持以继续进行越战。因此,即使是在5月谈判期间,罗斯托依然建议美国对越南北纬19度到20度之间地区进行轰炸,因为如果美国不全力轰炸北越,河内就会"高估了在轰炸问题上给我们施加的压力所产生的效果"。轰炸是为了和平。这是罗斯托的逻辑。罗斯托的做法让美国谈判代表哈里曼(Averell Harriman)异常愤怒,他认为,在目前的形势下任何对河内和海防的轰炸都将导致谈判破裂,并会引起相反的结果。他甚至表示:"我再也不想看

---

① Walt Rostow, *The Diffusion of Power*, pp. 481—482.

罗斯托

那个人写的任何备忘录了。"①

然而,约翰逊总统信任罗斯托。在哈里曼谈判过程中,约翰逊始终听从罗斯托的建议,不给哈里曼所希望得到的停止轰炸北越这个谈判诱惑条件。哈里曼在8月22日的备忘录中无奈地写道:"我相信总统没有在7月底到8月初(我们所建议的时间)停止轰炸北越是一个历史性悲剧,会产生广泛的后果。"②如果这种分析是对的话,那么罗斯托应该对哈里曼和谈的失败负有极大的责任。

罗斯托向约翰逊展示越南溪生地区地形(1968年)

随着共和党人尼克松在大选中获胜,作为约翰逊总统国家安全事务特别助理的罗斯托距离开白宫的日子也不远了。越南问题终究没能在他们手中得到解决。多年后,在谈到越战时,罗斯托仍认为他支持军事干涉越南的目的达到了,那就是阻止共产党对南越的渗透以及让南越经济按照西方现代化模式起飞。他认为在越战中,尤其是春节攻势后,南越老百姓并没有投入到民族解放阵线的怀抱中并参与叛乱,他们"拒绝共产主义……他们不想任人摆布,不想被取代。他们要增加福利;他们要他们的政府是一个诚实

---

① Walter Isaacson and Evan Thomas, *The Wise Men*, New York: Simon and Schuster, 1986, p.641.

② Averell Harriman, Memorandum for Personal Files. *FRUS*, *1964—1968*, Ⅶ, *Vietnam*, August 1968-January 1969, p.678.

且关心他们的政府;他们还要那些被共产党否定的政治上的最基本的权利"①。这表明共产党在南越彻底失败了。他确信1968年春节攻势后,"南越进入到了加速实现现代化阶段"②。

对于战争的失败,罗斯托把它归咎于约翰逊没有听从他的建议,没有扩大战争才使美国没有获得对越战争的胜利。他不提他把越战想得过于简单了。他指导美国把共产党当做假想敌而干涉东南亚革命的现代化进程理论也经不起推敲,而且他也忽略了各有关国家内在的独特性和复杂性,以及抹杀了当时"叛乱"运动(包括越南南方革命、老挝内战等)各自形成的独特原因和某些共同原因(首先是外国势力或其支持下的反动专制集团的肆意压迫或其他倒行逆施)。③

权力的运用

罗斯托在约翰·肯尼迪政府和林顿·约翰逊政府中都曾担任过一系列高职位的有关国家安全的工作。1961年,罗斯托任总统国家安全事务特别助理帮办一职;1961年12月至1966年,任国务院政策设计室主任;1966年至1969年,任总统国家安全事务特别助理,即现在人们通常所指的总统国家安全顾问。正是最后一个

---

① Walt Rostow to President Johnson, February 12, 1968, NSF. 引自 David Milne, *America's Rasputin*, p. 215。
② Walt Rostow, *The Diffusion of Power*, p. 476。
③ 时殷弘:《与复杂局势相违的简单化政策——论冷战时期美国在东亚的安全政策》,《美国研究》1997年第2期,第16页。

罗斯托

职位使罗斯托进入到约翰逊总统国家安全政策制定的中枢,同美国国务卿、国防部长、中央情报局局长以及参谋长联席会议主席一道直接参与政策的制定,为总统出谋划策。

罗斯托继承了他的前任麦乔治·邦迪的国家安全顾问就应该参与"最高命令的制定"[①]的做法。他同国务卿迪安·腊斯克密切合作,始终不懈地支持着约翰逊总统的越南政策。由于他们主张在越南要取得意识形态、政治和军事上的胜利,从而使他们在约翰逊任期的后期十分孤立。事实上,不论是在过去的总统顾问中,还是在现在的总统顾问中,罗斯托和腊斯克都是孤立的。

在约翰逊执政时期,越南战争超过了美国对其他外交政策的争论,它不仅使其他一些同时代发生的有关国家安全的问题,如1965年爆发的多美尼加共和国危机和1967年在美国葛拉斯堡罗(Glassboro)举行的首脑会议都变得暗淡无光,而且还证明了越南战争可能是20世纪美国所面临的最关键、最具决定性的有关外交政策的争论。最终,越南战争动摇了约翰逊政府的可信度,在政治上摧毁了约翰逊并使他的"伟大社会"的愿望受挫。

在谈到约翰逊政府的国家安全政策制定时必然要讲到越南战争,而要评价越南战争就不得不提到罗斯托,因为罗斯托是约翰逊执政时期最后三年的总统国家安全顾问,对美国对越南战争的政策起着举足轻重的作用。

---

① Loch K. Johnson and Karl F. Inderfurth, ed., *Decisions of the Highest Order: Perspectives on the National Security Council*, Pacific Grove, C. A.: Brooks Cole Publishing Company, 1988. 文中所引用的是这本有关美国国家安全委员会的论文集的书名。

第七章 政治巅峰

自二战结束以来，美国的每一个行政部门都在寻求发展和完善一个可靠的执行机构去处理国家安全政策事宜。每一位总统都试图去避免出现他的前任所存在的问题和不足，并试图建立一个能反映他自己管理风格的政策制定与协调体系。国家安全委员会就处于这一对外政策协调体系的中心。为了同每一位总统的需求和爱好相一致，国家安全委员会自成立以来发生了多次变化。

美国国家安全委员会是根据1947年7月26日的国家安全法令创建的。它处于总统的直接领导之下，国务卿和国防部长是它的主要成员。委员会的目的是协调对外政策和军事政策，使外交和军事上的义务与需求相一致。然而，国家安全委员会创立之初的这种协调政治与军事之目的很快就让位于为总统一人服务了。委员会的任务也从促进各部门间的共同管理转变为继任的总统们利用它控制和管理各部门的一种手段。

国家安全委员会的结构和功能在很大程度上依赖于总统和他的主要顾问以及各部门负责人之间的关系，但同时也需要发展一种令人满意的组织结构，否则，大量的信息流通和政策的执行将无法完成。虽然永久编制人员制度已逐渐开始形成，但大量的工作还是在各部门中进行。

在杜鲁门时期，国家安全委员会是由国务院负责的。但是到了艾森豪威尔执政时，他更倾向于由军方管理。委员会的参谋机构被打造成一个监督政策执行情况的组织。它的执行秘书成为总统的助理，但他不能抛头露面，以免同权力强大的国务卿杜勒斯发生冲突。

肯尼迪上台后，他最初是指望由一个强大的国务卿来负责对

罗斯托

外政策的制定,但显然国务院对其他部门没有足够的权威,所以后来他改用其他策略了。喜欢在外交政策的制定上倾向于特殊团体的肯尼迪抛弃了艾森豪威尔精心打造的国家安全委员会机构的动作原则,让负责国家安全事务的特别助理和他领导的参谋处去担当主要的协调任务。在决策上依赖于他的精英智囊团。肯尼迪随心所欲的风格抹杀了政策制定和政策实施之间的区别,而这却是艾森豪威尔人员编制制度特别仔细遵守的。

约翰逊担任美国总统后,在对待国家安全委员会这一机构上的做法同肯尼迪相比有过之而无不及。像许多现代的总统一样,约翰逊也喜欢在更小的范围内做出一些重大的有关对外政策的决定,而不是在正式的、经过精心组织的国家安全委员会会议上。他认为国家安全委员会"不是一个充满活力的机构,不适合为了作决定而进行的明确讨论"。因而,约翰逊时期的国家安全委员会组织继续萎缩。像他的前任一样,约翰逊在政策制定上也倾向于一些非正式的顾问咨询活动。他主要依赖于国家安全顾问及其工作人员、不同的特殊团体和信得过的朋友。此外,他也常常同他的"星期二午餐小组"进行商议。

"星期二午餐小组"通常是由 20 个人组成,有时人数还会多一些。这个小组除了总统以外,其他正式成员有国务卿迪安·腊斯克、国防部长罗伯特·麦克纳马拉(后来是克拉克·克利福德)、国家安全顾问罗斯托、中央情报局局长理查德·赫姆斯和参谋长联席会议主席厄尔勒·惠勒将军。还有一些出席午餐小组会议的成员,如新闻部长乔治·克利斯蒂安(George Christian),他们主要是旁听而不是提出自己的建议。除此之外,还有一些偶尔出席午餐小组会议的人员,他们是副总统休伯特·汉弗莱、副国务卿尼古拉斯·卡岑巴赫、理查德·尼克松(总统共和党候选人)和亨利·基辛格(曾在1967年夏季和秋季多次秘密前往巴黎安排同北越的和谈)。

对约翰逊总统来说,"星期二午餐小组"的诱惑力除了给他提供了一个可以从他尊敬、信任的人那里获取建议的机会外,更重要的是这个小组的成员嘴都很紧,不会像国家安全委员会的会议那样把他们讨论的内容泄露给媒体。和所有的总统一样,约翰逊也不喜欢媒体事先披露他将要做什么。他觉得这样会限制他的一些选择。除此之外,他还坚持在"星期二午餐小组"会上讨论一些棘手问题时,各正式成员限制他们所在部门来旁听的人数。如有一次,在就北越问题将要达成一项新的决议时,约翰逊就曾直截了当地问国防部长他的下属是否知道此事:"有别人知道吗?""没有,只有我知道。"克拉克·克利福德回答。还有一次,他授权克利福德去澄清行政部门内部有关美国派往越南预备役军人的人数时强调说:"我不想所有的报纸都刊登这件事……我希望你不要告诉你部门的任何人。"①

这种小型的、非正式的"星期二午餐小组"会议深得约翰逊的喜爱,并很快在政策决定过程中起到了主要作用。包括有国务卿腊斯克、国防部长麦克纳马拉和国家安全顾问罗斯托在内的"星期二午餐小组"从1964年2月到9月这七个月间就碰过27次面。在

---

① David M. Barrett, "Doing 'Tuesday Lunch' at Lyndon Johnson's White House: New Archival Evidence on Vietnam Decisionmaking," *Political Science and Politics*, Vol. 24, No. 4 (Dec., 1991), p. 677.

罗斯托

约翰逊任总统期间,他总共召开过160次"星期二午餐小组"会议。出席者无不盛赞这种会议的社团气氛和在会议上大家非同寻常的坦诚,但他们的下属却常常抱怨,由于这种会议的秘密性和非正式性使得他们无从为他们的上属准备出席会议的相关资料,并很难贯彻他们所做出的决定。

虽然约翰逊对国家安全委员会表示疑虑,但他还是定期召开会议。在他任期的头十一个月里,他平均每两个星期召开一次会议。会议所讨论的议题范围很广,但持续的时间相对比较短,1964年5月以后基本上都是情况简要介绍。随着11月总统大选的临近,约翰逊暂停了国家安全委员会的会议,直到1965年初才恢复。从1965年2月起到1966年中旬,他不定期地召开国家安全委员会会议,专门讨论越南问题。一些参与者日后不满地指出,约翰逊在1965年期间利用国家安全委员会不是为了就他在越南投入美国主要地面部队进行咨询,而是要委员会奉命通过他事先做出的决定。更有甚者,在这期间即1965年4月到5月间发生的另一起重要的美国外交政策危机——对多米尼加共和国的干涉甚至都没有在国家安全委员会的会议上提及过。

随着委员会咨询作用的减弱,它在制度上的支撑也在衰弱。约翰逊把国家安全委员会的成员当做是他的随身侍从。他舍弃了国家安全委员会常务小组会议,而这在肯尼迪时期是被召集来进行规划和处理军事行动问题的。官方记载委员会行动的记录中止了。由肯尼迪创立的、用来通知政府机构有关总统的决定,以便它们采取相关行动的国家安全行动备忘录也逐渐地发布得少了。肯尼迪在位不到三年的时间里发布了272份国家安全行动备忘录,而约翰逊在 1964 年发布了 46 份,1965 和 1966 年发布了 35 份,在他任职的最后两年只发行了 14 份。

在不愿意通过委员会会议寻求建议的同时,约翰逊像肯尼迪一样高度依赖他的国家安全顾问:先是麦乔治·邦迪,然后是他的继任沃尔特·罗斯托。

罗斯托是 1966 年 4 月 1 日被任命为总统国家安全事务特别助理的。虽然继续在约翰逊总统手下任国家安全事务特别助理的麦乔治·邦迪鉴于对越南战争发展的不确定性于 2 月 28 日就提出了辞职①,但事态的发展早就预示着罗斯托要重返白宫。

针对罗斯托的上任,美国当时的媒体几乎都给予了高度评价。《纽约时报》赞扬罗斯托"不仅是一位有独创精神的学者,而且还是一位有经验的官员和政策策划者",同时他也是"约翰·肯尼迪对外政策的设计师……"《纽约时报》还认为:

> 罗斯托当然只会是总统的一个主要顾问之一,约翰逊先生会做出他自己的决定。但这样的任命使总统的旁边有了一个独立且有教养的智者。就像在邦迪年代,他一方面一定会确保对错综复杂的国际问题的理解,另一方面也会确保白宫必须做出什么样的选择。没有哪一位总统还希望得到更多。②

约翰逊总统自己在谈到罗斯托的任命时夸张地说:"我有沃尔

---

① Melvin Small, *Johnson, Nixon, and the Doves*, New Brunswick, N. J.: Rutgers University Press, 1988, p. 51.
② "The Rostow Appointmeat," *The New York Times*, April 2, 1966.

罗斯托

特·罗斯托作为我的智囊。他不是你的智囊。他不是邦迪的智囊。他不是施莱辛格的智囊。他也不是加尔布雷斯的智囊。他将是我的智囊……"①

其实约翰逊任命罗斯托是想证明他也有能力启用一些在学识上出众的杰出人才,就像肯尼迪任命邦迪、施莱辛格和加尔布雷斯一样。尤其是邦迪,更是东部学派及其对外政策体制的代表,而这也正是让约翰逊产生既爱又恨的矛盾心理的原因。像许多约翰逊政府圈内和圈外的人一样,罗斯托对约翰逊性格中的这一面很清楚,也多少感到有些担忧。他推测,来自得克萨斯州的约翰逊是担心他的自然风格会被这些代表东海岸的权力机构看成是个乡巴佬或是个外省人的行为。也许他同一个社会党移民的儿子要比同邦迪这样的清教徒更易和谐相处。

在肯尼迪时期,随着肯尼迪不断把有关对外关系的一些处理事宜带到白宫,作为国家安全顾问的邦迪便积极地承担着总统每日外交政策事务的管理,毫无疑问,邦迪的责任也越来越大。邦迪把国家安全事务助理的角色从一个不起眼的政府官员提升到了高地位的总统顾问。② 有人甚至称他是第一位不"隐匿"的国家安全顾问。

白宫所做的一项重要改革就是在白宫建立"形势室"或称"交流中心"。由于有了"形势室",白宫第一次可以直接从情报部门和

---

① David Halberstam, *The Best and the Brightest*, p. 627.
② Thomas Parker, *America's Foreign Policy 1945—1976: Its Creators and Critics*, New York: Facts on File, 1980, p. 14; Schlesinger, *A Thousand Days*, pp. 406—407.

大使馆获得电报和相关人员的看法、评价。这种变化意味着总统不再完全依赖行政官僚们提供的信息来做出有关国家安全的决定。不仅如此，国家安全事务助理现在也能够把自己的观点呈交给总统，而无需反映不同官僚机构的利益。

国家安全委员会的成员成为白宫中的智囊中心。他们积极地寻找出美国在国际上所面临的问题，然后再就这些问题的解决方法提出详细的分析。国家安全委员会的日常工作是协调递交给总统的信息和文件、对从国务院和其他部门送来的备忘录进行精简、建议进行分析以及对总统可能采取的行动步骤进行鉴定。同时，国家安全委员会还要向相关机构传达总统的决定、监督各部之间在执行政策时的力量协调、充当白宫和各部之间的联络官、监督总统决定的贯彻并在国家安全政策制定上起着促进的作用。

更为重要的是，国家安全顾问这一角色开始对国家安全问题上总统观点的形成负有责任。这意味着国家安全顾问不仅要对一个国际问题的是非曲直进行评价（独立于部门利益之外），而且还要就这个问题提出的解决方法所需要的政治和外交上的代价进行评估。实际上，邦迪在他的任期内就已经把国家安全事务助理的地位从一个总统直辖的政府机构的工作人员上升到白宫人员中的首位，这在很大程度上要归功于他个人对事件的积极参与以及在肯尼迪总统做出直接政策决定的选择上所起的积极的顾问作用。邦迪成为总统的高级顾问——第一次，而且是正式的国家安全顾问。

罗斯托延续了邦迪的做法。他要使国家安全事务特别助理的顾问角色制度化，所以在他的任期中，他继续扮演着顾问的角色，

罗斯托

并确保国家安全顾问在制定国家安全政策上同国务卿、国防部长平起平坐。①

在美国历史上也许没有哪一位总统国家安全事务特别助理能像罗斯托那样有那么好的条件做国家安全顾问。正如本书前几章所提到的,罗斯托在二战和战后重建方面有着丰富的经历。他在艾森豪威尔时期是白宫的顾问,在肯尼迪时期是国家安全事务助理帮办和政策设计室主任。他还写了大量有关国际问题的文章、著作,尤其是有关美国对发展中国家经济援助的政策和策略。此外,罗斯托还对艾森豪威尔政府向肯尼迪政府转变过程中的国家安全政策制定的组织给予特别的关注。

到20世纪60年代,在制定国家安全政策的正当程序中起主要作用的是来自参议员亨利·杰克逊的国家政策机构小组的报告。该小组曾抱怨艾森豪威尔的国家安全委员会是一个笨重的造纸厂。在那里,要做出的决定不得不上下地爬"政策山",即从计划董事会到计划委员会,再到行动计划协调董事会(Operations Coordinating Board)。② 罗斯托在他的《权力的扩散》一书中指出,即将组阁的肯尼迪政府已经认识到计划董事会和行动计划协调董事会已

---

① 有关约翰逊时期国家安全委员会的争论,可以参见 Cecil V. Crabb, Jr., and Kevin V. Mulcahy, *American National Security: A Presidential Perspective*, Pacific Grove, CA: Brooks/Cole Publishing Co., 1991, pp. 107—133;以及他们的文章"Presidential Management of National Security Policy Making: 1947—1987", in James P. Pfiffner, ed., *The Managerial Presidency*, Pacific Grove, CA: Brooks/Cole, 1991, pp. 250—264。

② 见 U. S. Congress, Senate, Committee on Government Operations, Subcommittee on National Policy Machinery (Jackson Subcommittee), *Organizing for National Security*, Washington, DC: Government Printing Office, 1961。

变成了生产纸张的工具,它们实际上很难抓住问题的要害。① 果然,1961年2月19日,行动计划协调董事会被取消了。

艾森豪威尔自己在经过反思后也开始确信,如果"有一个能力极强且值得信赖的官员,并配以他自己的一名工作人员",那么行动计划协调董事会的工作将会比以往好得多。② 罗斯托建议:"各部门之间的协调任务归国务卿,邦迪的身边应设立一个稍低些的职位以解决总统更具体的问题。"③ 只有一个总统助理才能及时精确地缩小争论的范围,而这对总统在一个特定的时候做出决定至关重要。"最终只能由总统做出决定的事务变得如此之多……以至于需要添加额外的人手。"④ 罗斯托对国家安全委员会成员的职责进行了如下的描述:

> ……我们的工作是处理争端。不论这些争端是来自国务院还是其他部门,我们都要了解它们,确保它们的条理性,并对之进行协调,以便使同意的观点和反对的观点更加清晰。每一位成员都要非常清楚地知道这场斗争的内容以及总统可进行的选择。这样,总统就不必完全依赖各部门所做的结论报告……⑤

---

① Walt. Rostow, *The Diffusion of Power*, p. 165.
② Dwight D. Eisenhower, *Waging Peace*, Garden City, N. Y.: Doubleday, 1965, p. 634.
③ Walt Rostow, *Diffusion of Power*, p. 167.
④ Ibid.
⑤ Walt Whitman Rostow Oral History Interview, March 21, 1969, pp. Ⅰ, 27—28. 转引自 Kevin V. Mulcahy, "Walt Rostow as National Security adviser, 1966—69", *Presidential Studies Quarterly*, Washington: Spring 1995, Vol. 25, Iss. 2.

罗斯托

从上述描述中不难看出,罗斯托希望他的部门能成为除国务院或其他部门外另一个能影响总统决定的部门。

而针对国家安全事务特别助理这一角色,肯尼迪总统一方面坚定地认为他的白宫助手并没有篡夺国务卿和国防部长的权利,另一方面他要确保在做出决定时有尽可能多的选择作参考,这样,他就不会被官僚们所提出的选择牵着鼻子走。"确保(总统)对选择做出独立的陈述是国家安全事务特别助理的责任。"① 按照罗斯托的说法,特别助理的首要任务就是要帮助生成材料,从而使总统获得最大限度的选择,并做出决定。② 但是罗斯托也警告说,特别助理这个人必须有能力在众多的可能性中区分出他自己确定的东西,同时也要能十分精确地呈上别的案例。在对越战争中,罗斯托就是这样做的:过滤掉不利的消息,夸大好的消息,从而达到左右总统决定的目的。而"总统对他的顾问们提供给他的选择以及执行他的决定时所表现出来的不可避免的倾向性并不感到敏感"③。

当罗斯托从国务院转到白宫来工作时,他被告知不要"做邦迪的替身",约翰逊不需要另一个"在地下室的邦迪"④。总统可以继续按罗斯托的老头衔即"总统特别助理"来用他,而不加上"国家安

---

① Walt Rostow, *Diffusion of Power*, p. 168.
② Ibid., p. 365.
③ Ibid., pp. 365—366.
④ P. M. Kamath, *Executive Privilege Versus Democratic Accountability: The Special Assistant to the President for National Security Affairs, 1961—1969*, Atlantic Highlands, N. J.: Humanities Press, Inc., 1982, p. 170.

全事务"的称号。① 然而这些都只是事物的表面,而非事物的实质,因为罗斯托上任后行使了邦迪发展起来的所有同国家安全事务特别助理的顾问角色有关的职能。当然,约翰逊也起了重要作用。罗斯托任政策设计室主任时所作的那些政策提案给约翰逊留下了极深的印象。他希望罗斯托是一位谋士。罗斯托曾这样描述约翰逊对他的期望:

> 我一上任,约翰逊总统就给了我最为明确的指示。他说:"我要你管理麦克(指麦乔治·邦迪)留下来的工作室;我要你阻止漏洞的继续发生;我要你建设这间工作室,这样你会有一群比你当初发现他们时更优秀的人才——更有能力的一群人……除了麦克做的那些以外,我还要你做一个催化剂,能制造出一系列的创新。"②

有意思的是,罗斯托很清楚地感觉到有人对他的微词。他们觉得他是一个已"做了太久的谋士",长时期只停留在给人出谋划策上。对此,罗斯托进行了辩解:"在华盛顿有一些关于我的陈词滥调,说我是一个做了太久的谋士。我不知道我是不是持续了太久,我也不知道我是不是一个谋士,虽然我试图提出一些新的主意和主张。"罗斯托进一步反击道:"其实,实际上我已经用了我一生中的很多时间从事同建造性的作战会议密切相关的工作,从二战

---

① I. M. Destler, "National Security II: The Rise of the Assistant (1961—1981)," in Hugh Heclo and Lester M. Salamon, *The Illusion of Presidential Government*, Boulder, CO: Westview Press, 1981, p. 270.

② Walt Rostow, Oral History Interview, pp. 1—23.

罗斯托

开始我是英美委员会的秘书起……"①罗斯托的这种解释不外乎是想告诉人们,他不仅是一个有想法、有主张的人,更是一个熟悉战争、对战争有着丰富经验的人,他完全能胜任国家安全事务特别助理一职。

作为总统国家安全事务特别助理,他同总统的关系是否融洽直接影响到总统是否愿意听取他的建议。罗斯托和约翰逊总统之间的工作关系可以说是在美国历史上为总统工作的人员当中最密切、最真诚的关系之一。尽管约翰逊的性格在一些人尤其是在一些没有和他密切交往过的人看来是傲慢、专横的,很难与之相处,但罗斯托却觉得"他是我所为之工作过的最能体谅别人的人"②。

约翰逊为了表示对罗斯托的敬意,在他任期的最后一天授予了罗斯托自由奖章,使罗斯托成为包括迪安·腊斯克和克拉克·克利福德在内的五个受此殊荣的人之一。

同样,罗斯托在评价约翰逊在外交方面的才能时也采取了同多数观点不一致的立场。在美国,一种被广泛认同的观点认为约翰逊在对外关系方面缺乏经验,对需要做出的决定常常力所不及。但是罗斯托却坚信,指责约翰逊在对外政策上了解甚微或根本不关心是完全错误的。罗斯托在他的书中这样写道:

> 很显然,这完全是一派胡言,因为他(约翰逊)在艾森豪威尔执政时期——实际上还要更早一些就已经在政府部门工作。作为参议院少数和多数党的领袖,在20世纪

---

① Walt Rostow, Oral History Interview, pp. 1—22.
② Ibid., pp. 1—33.

50年代他身处重要的外交决策之中……所以很明显,他了解大量的有关对外政策的问题。根据我的判断,就他的背景而言,他生性就对外交政策有爱好。①

实际上,说约翰逊在外交事务中缺乏经验的很多证明主要是指他在涉及一些外交问题上使用粗陋的语言。对此,罗斯托解释道:"如果总统不能总是像一位国际关系教授那样说话,那是因为总统是作决定的,而不是就问题进行有条理的说明的。"②当约翰逊需要进行学术讲解的时候,他有罗斯托和邦迪教授可以为他说话。

虽然在肯尼迪和约翰逊时期国家安全委员会的人数减少了,但他们在总统处理国家安全政策制定中的地位却大大地提高了。在艾森豪威尔时期,在国家安全事务主要助理罗伯特·卡特勒(Robert Cutler)和随后的戈登·格雷(Gordon Gray)的主持下,国家安全委员会的成员行使的是一个服务于该委员会的永久性专职秘书的职能。但在肯尼迪和约翰逊时期,国家安全委员会的职员则更具有清晰的政治特征。他们要为总统制定政策提供服务,要同总统的参谋合作,还要在国家安全领域方面满足总统参谋们的要求。具体地说,国家安全委员会的成员们要就国家安全问题向总统提供日常参考意见,要确保相关机构提供给总统的有关国家安全的信息是对总统所需要的进行的回应。他们要对呈交给总统和委员会有关国家安全问题的资料和政策进行准备,还要行使委员会秘书处的职能,确保有关官员都知道了总统的决定。

---

① Walt Rostow, *Diffusion of Power*, pp. 366—367.
② Ibid., p. 367.

罗斯托

用一位在肯尼迪和约翰逊政府都工作过的国家安全委员会的成员的话说,国家安全委员会的运作是受总统支配的。"我们是他的人。我们为他工作。我们直接同他联系。"国家安全委员会的职员"就像是总统的眼睛和耳朵。在正式的、已得到各部门通过的提案到达总统手上之前,他们又是个看不见的网,为总统提供线索,使总统能及时知道这些提案的内容"。因此,"总统有了对每一个问题都独立做出判断的信息来源,获得了针对每个问题的内容以及应该怎么做的建议。这些都来自于他信任的一小群人——或者说是一种双保险"①。这个紧密结合在一起的一小群人是由十多位专业人员组成。

但罗斯托在委员会中更趋向于不使用任何一个主要助手(国家安全委员会的组织异常有序),"与其有一个单一的助手,我更愿把资深的人员看做是他们那个领域里的我的助手"②。这些资深人员代表的是国务院区域性和职能性的机构。总的来说,有以下一些独立的领域:越南(负责人是威廉·克默尔[William Komer]和威廉·乔丹[William Jorden]);对外经济政策(负责人是弗朗西斯·巴特[Francis Bator]);中东(负责人是霍华德·莱金斯[Howard Wriggins]和哈尔·桑德斯[Hal Saunders]);拉丁美洲(负责人是威廉·鲍德勒[William Bowdler]);非洲(负责人是爱德

---

① I. M. Destler,"National Security Ⅱ: The Rise of the Assistant (1961—1981),"pp. 267—268.

② Rostow to President, September 25, 1967, NSF, Memos to President, Box 23, p. 43, LBJL; Rostow to President, August 12, 1966, NSF, Memo to President, Box 10, p. 11, LBJL.

华·汉密尔顿[Edward Hamilton]);军控(负责人是小斯波吉·凯尼[Spurgeon Keeny, Jr.])。在罗斯托和邦迪时期国家安全委员会的执行秘书都是布罗姆利·史密斯(Bromley Smith)。他负责给白宫形势室提供全方位的指导,并在罗斯托不在华盛顿的时候在各成员之间进行协调。① 国家安全委员会的成员大多是来自国务院和中央情报局的副手或者是大学里正在休假的教授。罗斯托和邦迪都对他们的成员怀有极高的热情。虽然有些人认为在罗斯托领导下的国家安全委员会成员的质量在下降②,但事实是从邦迪到罗斯托,国家安全委员会的全体成员有着高度的持续性。

"是国家安全委员会的成员在很大程度上把自己局限在以总统的观点来操作国家安全进程、确保在这一进程中不同因素相互被提及……并提供给总统自认为他所需要的建议和支持。"③罗斯托强调国家安全委员会是要提供给总统最大限度、全方位的选择,而不是直接参与操作。然而,实际上罗斯托并没能做到这点。他常常选择有利于自己观点的信息,并用这些信息影响着总统的决定。

委员会的成员们还要负责审查有关国家安全行动计划的报

---

① Rostow to President, August 12, 1966, NFS, Memo to President, Box 10, p. 11, LBJL.

② Keith C. Clark and Laurence J. Legere, *The President and the Management of National Security: A Report*, Praeger, 1969, p. 83. 其他对罗斯托工作室的批评,见 James C. Thomson, "Minutes of a White House Meeting, Summer 1967", *Atlantic Monthly*, May 1967, pp. 67—68。

③ Clark and Legere, *The President and the Management of National Security*, p. 98.

罗斯托　告,并把它们同官僚机构递交上来的备忘录结合起来。罗斯托曾这样评述约翰逊对国家安全委员会呈交的文件的做法:

> 像肯尼迪一样,约翰逊也是一个求知欲很强的读者。他可以吸收、记住大量信息,并在很长的文件上批注上一些自己的想法、事实和建议。实际上他每天都要阅读到次日凌晨一两点,有时更晚……第二天早晨,一批决定、指示或笼统的反应就会涌向官僚机构。①

罗斯托的这段话含义深远,他想告诉人们,约翰逊比他的内阁官员获得了更广的信息,并且很好地掌握了政府的每个角落里正在发生着什么、什么事正在被关注。当然,这既要归功于罗斯托领导的工作室,又可以批驳那些认为他有选择地提交情报给总统的指责。

为了传达总统就国家安全备忘录所作的决定,国家安全委员会需要同国务院执行秘书处保持联络。作为国家安全事务特别助理,罗斯托不仅对国务卿腊斯克本人表现出足够的尊敬,而且对国务院在国家安全政策制定中起主要作用也表示出尊重。罗斯托和腊斯克有一种基本的工作关系。首先,对腊斯克而言,罗斯托可以自由地向总统推销观点。只要总统希望知道他的想法,他就可以在拿到的文件上阐述自己的观点。其次,不经过罗斯托的国家安全委员会,任何有关对外政策的文件都不可以直接递交总统。罗斯托对此的解释是,他领导的国家安全委员会要确保同国务院的

---

① Rostow, *Diffusion of Power*, p.363.

文件相互协调,但实际上他已把他的权力和地位凌驾于国务卿之上。在这里需要说明的是,腊斯克像罗斯托一样享有约翰逊总统的高度信任。他常常在国家安全委员会的会议上保持沉默,但却在私下、在做出决定的最后关头同总统交换看法。

罗斯托与国务卿腊斯克和总统约翰逊(1966年)

实际上,总统是倾向于国务院在政策制定过程中起领导作用的。1966年3月4日的《第341号国家安全行动备忘录》就非常清楚地表明了这一点。根据这份备忘录,约翰逊总统授予国务卿"在法律允许的范围内,在对美国政府各部门间的海外活动进行全面把关、协调和监督上享有最大限度的权限和责任"。在这个以国务院为中心的组织体系中有两个组织:一个是各部间的区域性组织(Interdepartmental Regional Groups);一个是各部间的高级组织(Senior Interdepartmental Group)。区域性组织在助理国务卿的领导下,负责地区性的事务。而高级组织则由负责政治事务的副

罗斯托

国务卿领导,从事同各种政策有关的事务。这两个组织的成员均来自国防部、中央情报局、参谋长联席会议、国家安全委员会。如果形势需要的话,还可以有国际发展署、美国新闻署以及其他一些机构。① 虽然这两个机构运行得不是很成功,但它们至少是在为实现两个行政目标做努力:第一个目标就是要重新确保国务卿和国务院在国家安全政策制定中起主要作用;第二个目标是弥补约翰逊由于对一些临时决定的偏爱所造成的在协调上的不足。② 但自罗斯托担任国家安全事务特别助理一职后,他把国务院在政策制定中的领导作用逐步剥夺了。

虽然罗斯托一直把国家安全事务特别助理这一角色看成是总统的顾问③,只对政策的选择进行评估而不是简单地加以阻止,但很多学者和政策制定者都认为,罗斯托在担任国家安全事务特别助理一职时,并没有按上述的职责范围去做,而是歪曲一些情报以适应他个人的喜好,尤其是在有关越南的问题上。不仅如此,在罗斯托领导下的国家安全政策制定的过程也存在着严重漏洞,约翰逊在做出他的决定时并没有考虑所有的可供选择的方案。

艾森豪威尔时期的国家安全事务特别助理是要把政策文件传

---

① Clark and Legere, *The President and the Management of National Security*, p. 93; I. M. Destler, *Presidents, Bureaucrats and Foreign Policy: The Politics of Organizational Reform*, Princeton: Princeton University Press, 1974, p. 208.

② Destler, *Presidents, Bureaucrats and Foreign Policy*, p. 93.

③ 有关国家安全顾问的不同角色的讨论,可见 Crabb and Mulcahy, *American National Security*, pp. 175—192; "The National Security Adviser: A Presidential Perspective", in Colin Campbell and Margaret Wyszomirski, eds., *Executive Leadership in Anglo-American Systems*, Pittsburgh: University of Pittsburgh Press, 1991, pp. 259—279。

递到官僚机构、监督它们执行并通知总统即将来临的或有疑问的问题。肯尼迪时期的国家安全事务特别助理麦乔治·邦迪有权接近总统,并在很大程度上扩展了安全顾问就要给予真正建议的功能。邦迪还是第一个代总统进行正式对外访问的总统助理。① 到罗斯托任约翰逊的国家安全事务特别助理的时候,他充分加强了安全顾问的"顾问"作用,即不仅要问、要提建议,还要努力去影响政策的制定。罗斯托把国家安全事务特别助理一职提高到了一个新的高度。

不仅如此,1966年罗斯托接任国家安全事务助理一职后,还开始着手对国家安全委员会进行改革。他要让实际上已经处于垂死边缘的委员会重新被有效地利用。他建议约翰逊既不要为了一些重大决定假装召开委员会会议,也不要关注其日常运作。他应该经常性地、有预见地召开会议,讨论需要仔细研究的复杂问题,然后讨论的结果再呈交给他来决定。很显然,罗斯托对国家安全委员会的改革并不是要对"星期二午餐小组"和国家安全顾问的主要顾问角色提出挑战,而是要把它看做是一种补充,来平衡行政部门对可预料的而不是紧迫的更大范围的问题进行考虑。当然,越南问题不在其中。换句话说,国家安全委员会会议的召开不是为了作决定才召开的,而是为了进行深层次的、有教育意义的讨论才召开的。

当约翰逊不再依赖"星期二午餐小组"、国家安全顾问以及他

---

① 埃夫里尔·哈里曼(Averell Harriman)和安德鲁·古德帕斯特(Andrew Goodpaster)曾分别代表杜鲁门总统和艾森豪威尔总统进行过对外非正式访问。

罗斯托

领导的小型参谋处的时候,他开始把目光转向种种特别组织和政府内外他信任的朋友。例如,在"七天战争"爆发后,他就在古巴危机中创立起来的国家安全委员会的执行委员会的模式基础上创立了国家安全委员会的特别委员会,用来协调美国在中东的政策。这个特别委员会存在了好几个星期。

我们知道,在一个总统任期内所作的革新常常会随着任期的结束而结束,因为这些革新所反映出的是这个总统和他的顾问们与众不同的观点和管理风格。随着约翰逊政府的结束,他为了处理外交政策而创立的一些组织也随之瓦解,如"星期二午餐小组"、预见性的国家安全委员会会议。约翰逊没有想到的是,他所依赖和信任的国家安全事务特别助理罗斯托对他总统仕途的结束起了非常重要的作用,而罗斯托也从此离开了白宫,离开了政策制定中心,转而从事他的老本行——在大学里教书。

第八章 回 归

> 回首这些年的经历,我发现诸如做总统助理或在其他政府部门工作与写书是不同的。通过前者,你可以了解给别人提建议和自己承担责任的区别。正如迪安·腊斯克常说的,如果你给总统出主意,而结果证明是个馊主意,你可以辞职,然后消失。但是总统做出决定,他就要面对公众,并将被载入史册……我愿意承担一个作家所应承担的责任并享有作家所拥有的自由。
>
> ——罗斯托①

随着美国国内和平运动的高涨,罗斯托变得越来越孤立,越来越不受欢迎。在剑桥、麻省和华盛顿,支持越南战争的人几乎都成了被社会遗忘的人。毫无疑问,罗斯托在越战中的鹰派立场也使他在学术岗位上遭到冷遇。

---

① Walt Rostow, *Concept and Controversy*, p. xi.

罗斯托

随着尼克松在大选中获胜和白宫的易主，罗斯托于1969年1月28日离开了白宫，重新回到大学干起老本行。然而，这个世界上最好斗的发展经济学理论家很快就发现，他处于一个很尴尬的境地：不管是曾让他获得过学士学位和博士学位的耶鲁大学，还是他在去白宫工作前曾讲授了11年经济史和国际事务的麻省理工学院，都不愿提供给他一份工作。其他一些著名大学也都拒绝了他。他们不是对罗斯托对越战的政策感到震惊，就是担心他日后的一些观点和看法会引起不良的反应。鉴于此，罗斯托的老雇主约翰逊向他发出邀请，希望他能到得克萨斯大学帮助筹建林登·贝恩斯·约翰逊公共事务学院。罗斯托欣然接受。

"奥斯汀项目"创始人罗斯托及其夫人

在整个60年代，罗斯托的人生就像是经历了一次过山车：从麻省理工学院的教授到肯尼迪总统国家安全事务特别助理帮办，再到国务院计划设计室主任，最后到约翰逊总统的国家安全顾问；从一名经济史学家、发展经济学先驱到越战的主要设计师及狂热支持者，一下跌入到被社会冷落的地步。若不是一个内心强大之人，可能已被打倒，或至少需要时间恢复。但对罗斯托这个充满智慧且有钢铁般意志的人来说，可以顶住各方的批评与压力，从容地回到他以前所从事的学术工作上，就好像他从来都没有离开过。

在卸任几天后，罗斯托就携全家从华盛顿一路南下，来到位于奥斯汀的得克萨斯大学新建的林登·约翰逊公共事务学院任教。

在罗斯托以前的朋友眼里，罗斯托是被流放到了一个野蛮的、未开化的港岸;但是对罗斯托来说,他热爱这座高速发展的城市以及这所逐步摆脱地方主义的大学。奥斯汀这座城市充满了活力,是除了普林斯顿、纽黑文以及剑桥三座城市以外人均拥有图书最多的地方。虽然德州是一个保守气氛很浓的州,但奥斯汀是一个自由的城市,那里的人骄傲、进取、热情。在奥斯汀,罗斯托很快就发现他的周围是一些志趣相投的人。在这个圈子中有约翰逊总统(1973年1月病逝)的遗孀伯德夫人(Lady Bird),约翰逊总统的侄子菲利普·博比特(Philip Bobbitt),协助约翰逊总统完成其自传《登高望远》的约翰逊前演讲撰稿人哈里·米德尔顿(Harry Middleton),以及林登·约翰逊图书馆馆长,非洲与美洲法律教授、议员芭芭拉·乔丹(Barbara Jordan)。这些都让罗斯托有一种回到家的感觉。他在奥斯汀度过了他生命中余下的34年。

在得克萨斯大学,罗斯托继续着他在参政之前的工作,即讲授经济史和历史。1990年,他荣获美国出版社协会颁发的杰出社会科学图书奖。1991年,罗斯托和其他人一起创建了"奥斯汀项目",并成为这一组织的主要负责人。该项目旨在通过扩大公共与私人项目为处于社会最底层的儿童提供帮助。在80多岁高龄时,他还在每个秋季给本科生上课,每个春季举行一次研究生的研讨会。直到2003年2月13日去世,他一直活跃在校园里以及公民事务上。

在奥斯汀,罗斯托除了上述两种工作外,还继续着他的研究与写作,始终笔耕不辍。他是一位多产的学者,在他的一生中共出版了34本著作,发表了多篇文章,其中有21本著作是他从1969年到奥斯汀后完成的,平均每18个月就完成一本著作。他的著作和文章大部分都是关于历史、经济和国际事务方面的。我们从下面的一些书名中就可以看出一二:《东西方关系:缓和可能吗?》(*East-West Relations: Is Detente Possible?* [with William E. Griffith], 1969)、《政治与成长阶段》(*Politics and the Stages of Growth*, 1971)、《这一切是怎么开始的:现代经济的起源》(*How it All Began: Origins of the Modern Economy*, 1975)、《世界经济:历史与展望》(*The World Economy: History and Prospect*, 1978)、《为什么穷国变得更富有了,而富国却在衰退》(*Why the Poor Get Richer and the Rich Slow Down: Essays in the Marshallian Long Period*, 1980)、《侵袭前的轰炸战略:艾森豪威尔将军1944年3月25日的决定》(*Pre-Invasion Bombing Strategy: General Eisenhower's Decision of March 25, 1944*, 1981)、《英国经济的波动:1868—1896》(*British Trade Fluctuations, 1868—1896: A Chronicle and Commentary*, 1981)、《斯大林之后的欧洲:艾森豪威尔在1953年3月11日所作的三个决定》(*Europe After Stalin: Eisenhower's Three Decisions of March 11, 1953*, 1982)、《美国与亚太区域组织:1965—1985》(*The United States and the Regional Organization of Asia and the Pacific, 1965—1985*, 1986)、《从大卫·休谟到现在的经济增长理论家》(*Theorists of Economic Growth from David Hume to the Present*, 1990)和《人口密度高峰及其以后》(*The Great Population Spike and After*, 1998)。从这种高密度的著作产出情况,可以推断罗斯托几乎没有受到越战的影响。他对自己在越战中的立场从来就没有感到遗憾或后悔过。用他自己

的话说:"我现在没有被越南所困扰,以前也从来没有过。"①

但越南问题注定是要跟随他的。在奥斯汀,罗斯托参与了约翰逊总统的回忆录《登高望远》的写作。在重新回顾越战的失败过程时,罗斯托无法掩饰他的失望,因为他觉得国防部长克利福德过高地估计了敌人的实力。在他自己的第一本回忆录《权力的扩散》中,罗斯托指责肯尼迪应该对美国军事上的失败负有最重要的责任,因为他错失了1962年入侵老挝和北越的最佳时机,从而造成了"20世纪60年代美国外交政策的最大失误"②。而约翰逊虽然在对越政策中明显偏向罗斯托,并采纳了罗斯托的很多主张,并且跟罗斯托的个人关系不一般,但也没能逃过被罗斯托批评的下场。在罗斯托看来,约翰逊的失误在于他过高地估计了中国军事干预越战的可能性,以至于被不可能爆发的核战争捆住了手脚。最让罗斯托气愤和蔑视的人是前国防部长麦克纳马拉。

麦克纳马拉是美国历史上任期最长、最富争议也是最具影响力的国防部长。他任期内的1961—1968年正值美苏冷战高峰期,柏林墙危机、猪湾事件、古巴导弹危机和越战升级等事件都发生在这段时期,并且都留下了他的痕迹。

在美国,这场不受欢迎且对美国社会影响深远的对越战争又被称作"麦克纳马拉的战争",这与他作为军方鹰派形象的代言人是分不开的。虽然他是越战的主要设计师、重要决策者及首要执行者,也像罗斯托一样坚信多米诺骨牌理论,但是随着战争的发

---

① Todd S. Purdum, "Walt Rostow, Adviser to Kennedy and Johnson, Dies at 86," *New York Time*, February 15, 2003.
② Walt Rostow, *The Diffusion of Power*, p. 290.

罗斯托

展,麦克纳马拉越来越怀疑美国对越政策的正确性。从1966年起,他就在对越战略上同约翰逊和参谋长联席会议主席不断发生争论。1967年11月,他更是上书约翰逊,建议不要增兵、停止轰炸北越以及把地面战役移交给南越。虽然没有明说,但这个建议还是很容易让人认为美国对越政策迄今为止是失败的。麦克纳马拉的这个建议不仅被约翰逊直接驳回,而且还导致了他的下台。尽管麦克纳马拉事后宣称他递交给总统的这份备忘录"从来没有(从总统那里)得到反馈",所以基于此,他于11月29日宣布辞职,要到世界银行做总裁,但持不同观点的人,如《越南:一部历史》(*Vietnam: A History*)的作者斯坦利·卡诺(Stanley Karnow),则认为他是被总统要求离开这个职位的。在2003年由埃洛·莫里斯(Errol Morris)导演的纪录片《战争迷雾》(*The Fog of War*)中,麦克纳马拉在谈及此事时对一个朋友坦承:"即使到今天,我也不清楚是我自己辞职的还是被总统解聘的。"[①]

麦克纳马拉于1968年2月离开五角大楼,同年出版了《安全的本质》(*Essence of Security: Reflections in Office*)一书,从不同的角度讲述了他任职期间的基本国家安全问题。之后,在长达13年的世界银行工作期间,他始终对国防问题和越南战争缄口不语,直到1995年他出版了自己的回忆录《回顾:越战的悲剧与教训》(*In Retrospect: The Tragedy and Lessons of Vietnam*)。这是一本忏悔录,它揭示了一个因越南战争而备受心灵及良心折磨的当事人

---

① 有关纪录片《战争迷雾》的解说词,可参阅 http://www.errolmorris.com/film/fow_transcript.html。

的心路历程。在书的前言中有这样一段著名的话:"我们这些肯尼迪和约翰逊政府中参与越南政策制定的人,是按照我们认为的我们国家的原则与传统去做的。我们根据这些价值去作决定。然而我们错了,大错特错。我们欠子孙后代一个解释。"

　　麦克纳马拉认为那些说越战是有价值、有必要的,可以维护美国所坚持的意识形态和政治理想,以及如果美国不介入越战,共产主义就会占领东亚和东南亚,都不符合历史现实,都是梦话。他当年就是用这样的梦呓告诉自己,也是用这样的道理说服美国人民的。其实,这全是自说自话,却让美国人民以及越南人民付出了惨痛的代价。

　　在书的结尾部分,麦克纳马拉还分析了造成"我们在越南的灾难"的11个原因,希望通过检讨错误为未来的美国外交、政治和军事战略提供参照:

(1)我们对敌人的地缘政治意图判断失误。

(2)我们对南越政治力量判断失误,过高估计了他们对自由和民主的执着。

(3)我们低估了民族主义对越南人民的推动力。

(4)我们对东南亚历史极度无知,也没有真正的专家可以咨询。

(5)在面对非常规、充满活力的人民运动时,我们没有认识到美国现代化军队、高科技装备及先进理论的局限性。

(6)在采取行动前,我们没有提请国会和美国人民就大规模军事卷入东南亚的利弊进行全面而坦诚的讨论。

(7) 我们未能保持住公众的支持,因为我们没有全面地向他们解释发生了什么,我们为什么这样做。

(8) 我们不是无所不知。我们不具有上帝赋予的权利,因而无权按我们的想象或我们的选择去改造别国。

(9) 我们未能争取国际上的支持。

(10) 不是所有的问题都可以得到完美的解决。我们不得不生活在一个不完美、凌乱的世界里。

(11) 我们政府的决策层没能就越战进行有效的、充分的讨论。[①]

此书一问世,就在美国社会引起了强烈反响,愤怒浪潮铺天而来。麦克纳马拉的忏悔并没有消除公众对他的谴责和蔑视。《纽约时报》专栏作家赫伯特(Bob Herbert)就对麦克纳马拉做了一番批评,认为他犯了大错误。明明是打不赢的战争,所有的资料与情况都显示了战争升级的危险与代价,但麦克纳马拉还是要打这场仗。正是因为他的错误,美国才有了这次丑陋的战争。在这场耗尽双方资源的长久战争中,美国士兵死亡5.8万人,越南军民死亡逾300万人。赫伯特指出,这本书的忏悔绝不能洗清麦克纳马拉的罪行。

麦克纳马拉的忏悔还让另一个人异常愤怒,这个人就是罗斯

[①] Robert S. McNamara and Brian VanDeMark, *In Retrospect: The Tragedy and Lessons of Vietnam*, New York: Vintage Books, 1995, p. xvi, pp. 321—323.

托。罗斯托指责麦克纳马拉的自传侮辱了那些为了崇高事业而在越南流血牺牲的士兵们。对罗斯托而言,美国在越战中所犯的唯一错误就是没有扩大战争。对此,他始终坚信不疑。为了回击麦克纳马拉,罗斯托在1995年6月特地撰文批驳麦克纳马拉,并阐述自己观点。

针对麦克纳马拉提出的越战是一场不必要的战争的观点,罗斯托指出,美国历史上所进行的战争如独立战争、1812年战争、墨西哥战争、内战、美西战争、第一次世界大战等都会引起争论,也会令一些人感到不快,但它们通常又是必需的:"没有人能保证不经过痛苦、牺牲或论战,美国的独立或美国作为民主大本营的角色是可以轻松取得的。越南战争所带来的痛苦、牺牲和争论已经被美国人民接受了十年了。这种接受持续不变才使一个自由的亚洲得以存在并发展壮大……这些在越战中牺牲、受伤或退役的军人所参加的战争并不是毫无意义的。"①东南亚独立的、非共产党国家的"国民生产总值在1960年到1981年间已经翻了四倍",就足以说明这一点。罗斯托进而反问道,如果美国在1963年就从越南撤军的话,那么东南亚国家的这种发展记录还会存在吗?当然,罗斯托也并无证据证明如果美国不进行越战,就会出现相反的情况。可见,他反驳的论据并不充分。

对麦克纳马拉所说的"美国缺乏了解东南亚的专家",罗斯托反驳说,"依据我的经验",美国政府"在任何时候都不缺乏有关亚

---

① Walt Rostow, "The Case for the War," *Times Literary Supplement*, June 9, 1995.

罗斯托

洲和亚洲人的知识"①。

许多前国务院官员也提出反驳。他们坚持美国当时并不缺少东南亚专家,而是麦克纳马拉等人没有虚怀纳谏的修养,不能容忍不同的声音。

在谈到多米诺骨牌理论时,罗斯托辩称这个理论是有效的。美国从1965年到1968年在越南所进行的艰苦作战为亚洲经济的发展提供了喘息的空间,从而加强了他们自身的力量,阻止了多米诺骨牌效应的发生。

罗斯托始终坚信美国有必要进行这场战争,而且在某些方面,美国是取得了越战的胜利的。约翰逊的传记作者罗伯特·达莱克②(Robert Dallek)在奥斯汀的约翰逊图书馆作研究时结识了罗斯托。他这样评价罗斯托:"他认为这场战争带来了一些积极的变化,为这些东南亚国家的发展争取到了时间,并让它们避免了被共产党接管的下场。战争给了它们空间和时间去发展和巩固它们自己。不管这种看法是对还是错,他相信这对他和那些在战争中失去亲人的成千上万的美国人来说是一种安慰。"③

---

① Walt Rostow, *Concept and Controversy*, p. 304.
② 罗伯特·达莱克著有 *Lyndon B. Johnson: Portrait of a President* 一书。
③ Todd S. Purdum, "Walt Rostow, Adviser to Kennedy and Johnson, Dies at 86," *The New York Times*, February 15, 2003.

参考文献

著 作

Armsrong, David Grossman, *The True Believer: Walt Whitman Rostow and the Path to Vietnam*, unpublished Ph. D. dissertation, University of Texas at Austin, 2000.

Berman, Larry, *No Peace, No Honor: Nixon, Kissinger, and Betrayal in Vietnam*, New York: Free Press, 2001.

Bird, Kai, *The Color of Truth: McGeorge Bundy and William Bundy, Brothers in Arms*, New York: Simon and Schuster, 1998.

Bissell, Richard with Jonathan E. Lewis and Frances T. Pudlo, *Reflections of a Cold Warrior*, New Haven, Conn.: Yale University Press, 1996.

Blaufarb, Douglas S., *The Counterinsurgency Era: U. S. Doctrine and Performance, 1950 to the Present*, New York: The Free Press, 1977.

Bowie, Robert R., and Richard H. Immerman, *Waging Peace: How Eisenhower Shaped an Enduring Cold War Strategy*, New York: Oxford University Press, 1998.

Bowles, Chester, *Promises to Keep: My Years in Public Life, 1941—1969*,

New York: Harper and Row, 1971.

Cable, Larry E., *Conflict of Myths : The Development of American Counterinsurgency Doctrine and the Vietnam War*, New York: New York University Press, 1986.

Campbell, Colin, and Margaret Wyszomirski, eds., *Executive Leadership in Anglo-American Systems*, Pittsburgh: University of Pittsburgh Press, 1991.

Chomsky, Noam, and Howard Zinn, eds., *The Cold War and the University : Toward an Intellectual History of the Postwar Years*, New York: The New Press, 1997.

Clark, Keith C., and Laurence J. Legere, *The President and the Management of National Security : A Report*, Praeger, 1969.

Crabb, Cecil V., Jr., and Kevin V. Mulcahy, *American National Security : A Presidential Perspective*, Pacific Grove, CA: Brooks/Cole Publishing Co., 1991.

Cross, James E., *Conflict in the Shadows*, Garden City, N. Y.: Garden City Press, 1963.

Destler, I. M., *Presidents, Bureaucrats and Foreign Policy : The Politics of Organizational Reform*, Princeton: Princeton University Press, 1974.

Edgerton, Russell, *Sub-Cabinet Politics and Policy Commitment : The Birth of the Development Loan Fund*, Syracuse: Inter-University Case Program, 1970.

Engerman, David C., *Staging Growth : Modernization, Development, and the Global Cold War*, University of Massachusetts Press, 2003.

Galbraith, John Kenneth, *A Life in Our Times*, Boston: Houghton Mifflin, 1981.

Galbraith, John Kenneth, *The Nature of Mass Poverty*, Cambridge: Harvard University Press, 1979.

Gallucci, Robert L., *Neither Peace Nor Honor : The Politics of American*

Military Policy in Vietnam, Baltimore: Johns Hopkins University Press, 1975.

Garwood, Ellen Clayton, *Will Clayton: A Short Biography*, Austin: University of Texas Press, 1958.

Gilman, Nils, *Mandarins of the Future: Modernization Theory in Cold War America*, Baltimore: The John Hopkins University Press, 2003.

Goldstein, Gordon M., *Lessons in Disaster: McGeorge Bundy and the Path to War in Vietnam*, New York: Henry Holt & Company, 2009.

Halberstam, David, *The Best and the Brightest*, twentieth-anniversary edition, New York: Ballantine Books, 1992.

Heclo, Hugh, and Lester M. Salamon, *The Illusion of Presidential Government*, Boulder, CO: Westview Press, 1981.

Hilsman, Roger, *To Move a Nation: The Politics of Foreign Policy in the Administration of John F. Kennedy*, New York: Doubleday & Co., 1964.

Hoopes, Townsend, *The Limits of Intervention: An Inside Account of How the Johnson Policy of Escalation Was Reversed*, New York: David Mckay Company, Inc., 1969.

Isaacson, Walter, and Evan Thomas, *The Wise Men*, New York: Simon and Schuster, 1986.

Johnson, Loch K., and Karl F. Inderfurth, eds., *Decisions of the Highest Order: Perspectives on the National Security Council*, Pacific Grove, CA: Brooks Cole Publishing Company, 1988.

Johnson, Lyndon B., *The Vantage Point: Perspectives of the Presidency, 1963—1969*, New York: Holt, Rinehart and Winston, 1971.

Kaiser, David, *American Tragedy: Kennedy, Johnson, and the Origins of the Vietnam War*, Cambridge, Mass.: Belknap Press of Harvard University Press, 2000.

Kamath, P. M., *Executive Privilege Versus Democratic Accountability: The Special Assistant to the President for National Security Affairs, 1961—*

1969, Atlantic Highlands, N. J. : Humanities Press, Inc. , 1982.

Karnow, Stanley, *Vietnam : A History*, New York: Viking, 1983.

Kaufman, Burton I. , *Trade and Aid : Eisenhower's Foreign Economic Policy, 1953—1961*, Baltimore: The Johns Hopkins University Press, 1982.

Kennan, George F. , *Memoirs, 1925—1950*, Boston: Little, Brown, 1967.

Kennedy, John F. , *The Strategies of Peace*, New York: Harper & Brothers, 1960.

Kuklick, Bruce, *Blind Oracles : Intellectuals and War from Kennan to Kissinger*, Princeton University Press, 2006.

Kunz, Diane B. , *Butter and Guns : America's Cold War Economic Diplomacy*, New York: The Free Press, 1997.

Logevall, Fredrik, *Choosing War : The Lost Chance for Peace and the Escalation of the War in Vietnam*, Berkeley: University of California Press, 1999.

Matusow, Allen J. , *The Unraveling of America*, New York: Harper Collins, 1994.

May, Ernest R. , and Philip Zelikow, *The Kennedy Tapes : Inside the White House During the Cuban Missile Crisis*, Cambridge, Mass. : Harvard University Press, 1988.

McNamara, Robert S. , and Brian VanDeMark, *In Retrospect : The Tragedy and Lessons of Vietnam*, New York: Vintage Books, 1995.

Millikan, Max, ed. , *The Emerging Nations : Their Growth and United States Policy*, Little Brown & Co. , Boston, 1961.

Millikan, Max F. , and Walt W. Rostow, *A Proposal : Key to an Effective Foreign Policy*, Westport, Connecticut: Greenwood Press, Publishers, 1957.

Milne, David, *America's Rasputin : Walt Rostow and the Vietnam War*, New York: Hill and Wang, 2008.

Mulhollan, Paige E. , *Walt W. Rostow Oral History Interview* Ⅰ , 3/21/

1969, Internet Copy, LBJ Library.

Neustadt, Richard E., and Ernest R. May, *Thinking in Time: The Uses of History for Decision-Makers*, New York: Free Press, 1986.

Packenham, Robert A., *Liberal America and the Third World: Political Development Ideas in Foreign Aid and Social Science*, Princeton: Princeton University Press, 1973.

Parker, Thomas, *America's Foreign Policy, 1945—1976: Its Creators and Critics*, New York: Facts on File, 1980.

Pearce, Kimber Charles, *Rostow, Kennedy, and the Rhetoric of Foreign Aid*, East Lansing: Michigan State University Press, 2001.

Pfiffner, James P., ed., *The Managerial Presidency*, Pacific Grove, CA: Brooks/Cole, 1991.

Preston, Andrew, *The War Council: McGeorge Bundy, The NSC, And Vietnam*, Harvard University Press, Cambridge, 2006.

Rist, Gilbert, *The History of Development: From Western Origins to Global Faith*, New York: Zed Books, 1997.

Rostow, Walt W., *Essays on a Half-Century: Ideas, Policies, and Action*, Boulder and London: Westview Press, 1988.

——*Concept and Controversy: Sixty Years of Taking Ideas to Market*, Austin: University of Texas Press, 2003.

——*British Trade Fluctuations, 1868—1896*, New York: Arno Press, 1981.

——*Pre-Invasion Bombing Strategy: General Eisenhower's Decision of March 25, 1944*, Austin: University of Texas Press, 1981.

——*The Division of Europe After World War II*, Austin: University of Texas Press, 1981.

——*Eisenhower, Kennedy, and Foreign Aid*, Austin: University of Texas Press, 1985.

——*The Process of Economic Growth*, New York: W. W. Norton and Company, 1952.

——*The Stages of Economic Growth: A Non-Communist Manifesto*, Cambridge: Cambridge University Press, 1960.

——*The Diffusion of Power: An Essay in Recent History*, New York: the Macmillan Company, 1972.

Rostow, Walt W., in collaboration with Alfred Levin and others, *The Dynamics of Soviet Society*, New York: W. W. Norton, 1952.

Schandler, Herbert Y., *The Unmaking of a President: Lyndon Johnson and Vietnam*, New Jersey: Princeton University Press, 1977.

Schlesinger, Arthur M. Jr., *A Thousand Days: John F. Kennedy in the White House*, Boston: Houghton Mifflin, 1965.

Schulzinger, Robert, *A Time for War: The United States and Vietnam, 1941—1975*, New York: Oxford University Press, 1997.

Shenin, Sergey Y., *America's Helping Hand: Paving the Way to Globalization (Eisenhower's Foreign Aid Policy and Politics)*, New York: Nova Science Publishers, Inc., 2005.

Simpson, Christopher, ed., *Universities and Empire: Money and Politics in the Social Sciences during the Cold War*, New York: The New Press, 1998.

Sorenson, Theodore, ed., *Let the World Go Forth: The Statements, Speeches, and Writings of John F. Kennedy, 1947—1963*, New York: Dell, 1988.

Statler, Kathryn C., and Andrew L. Johns, *The Eisenhower Administration, the Third World, and the Globalization of the Cold War*, New York: Rowman & Littlefield Publishers, Inc., 2006.

Tedder, Arthur William, *With Prejudice*, London: Cassell, 1966.

Thies, Wallace J., *When Governments Collide: Coercion and Diplomacy in the Vietnam Conflict, 1964—1968*, Berkeley: University of California Press, 1980.

雷迅马:《作为意识形态的现代化:社会科学与美国对第三世界的政策》,中央编译出版社 2003 年版。

文 章

Baber, Zaheer, "Modernization Theory and the Cold War," *Journal of Contemporary Asia*, Vol. 31, Issue 1, 2001.

Barrett, David M., Doing "'Tuesday Lunch' at Lyndon Johnson's White House: New Archival Evidence on Vietnam Decision-making," *Political Science and Politics*, Vol. 24, No. 4, December, 1991.

Bloomfield, Lincoln P., "Planning Foreign Policy: Can It Be Done?" *Political Science Quarterly*, 93:3, Autumn 1978.

Boulding, Kenneth, "The Intellectual Framework of Bad Advice," *Virginia Quarterly Review*, Autumn 1971.

Cannon, Michael, "Raising the Stakes: The Taylor-Rostow Mission," *Journal of Strategic Studies* 12, June 1989.

Eisenhower's Farewell Address to the Nation, January 17, 1961, http://mcadams. posc. mu. edu/ike. htm.

Engerman, David C., "The Romance of Economic Development and New Histories of the Cold War," *Diplomatic History*, Vol. 28, No. 1, January 2004.

Ford, Harold P., "The US Decision to Go Big in Vietnam," *Studies in Intelligence*, Vol. 29, No. 1, Spring 1985.

Johnson, Robert H., "Escalation Then and Now," *Foreign Policy*, No. 60, Autumn, 1985.

Galbraith, John Kenneth, "For Foreign Aid in a New Packaging. Review of A Proposal: Key to an Effective Foreign Policy, by Max F. Millikan and W. W. Rostow," *New York Times Book Review*, January 18, 1957.

Grinter, Lawrence E., "How They Lost: Doctrines, Strategies and Outcomes of the Vietnam War," *Asian Survey*, Vol. XV, No. 12, December 1975.

Hodgson, Godfrey, "Obituary: Walt Rostow," *The Guardian*, February 17, 2003.

Milne, David, "Our Equivalent: Walt Rostow and the Bombing of North Vietnam, 1961—1968," *Journal of Military History*, Vol. 71, January 2007.

Mirsky, Jonathan, "Wartime Lies," *New York Review of Books*, October 9, 2003.

Mulcahy, Kevin V., "Walt Rostow as National Security adviser, 1966—69," *Presidential Studies Quarterly*, Vol. 25, Iss. 2, 1995.

Park Tae Gyun, "W. W. Rostow and Economic Discourse in South Korea in the 1960s," *Journal of International and Area Studies*, Vol. 2, 2001.

Purdum, Todd S., "Walt Rostow, Adviser to Kennedy and Johnson, Dies at 86," *New York Time*, February 15, 2003.

Reston, James, "Shake-up at State," *New York Times*, November 27, 1961.

Rostow, Walt W., "Containment: 40 Years Later: On Ending the Cold War," *Foreign Affairs*, Spring 1987.

Rostow, Walt W., "The Case for the War," *Times Literary Supplement*, June 9, 1995.

Rostow, Walt W., "Guerrilla Warfare in the Underdeveloped Areas," *Department of State Bulletin* 45, Washington D. C.: Government Printing Office, August 7, 1961.

Schwartz, Harry, "Nations Have Their Phases," *New York Times Book Review*, May 8, 1960.

Shalom, Piki Ish, "The Role of Theoretical Concepts in Forming American Foreign Policy: The Case of Rostow, the Modernization Theory, and the Alliance For Progress," *Region and Politics*, Vol. 13, 2004.

Snyder, Robert S., "The U. S. and Third World Revolutionary States: Understanding the Breakdown in Relations," *International Studies Quarterly*, Vol. 43, No. 2, June 1999.

Staley, Eugene, "International Law and Relations," *American Political Science Review*, Vol. 52, No. 3, September 1958.

Stavins, Ralph L., "A Special Supplement: Kennedy's Private War," *The

New York Review of Books, Vol. 17, No. 1, July 22, 1971.

Thomson, James C., "Minutes of a White House Meeting, Summer 1967," *Atlantic Monthly*, May 1967.

Warner, Geoffrey, "The United States and Vietnam 1945—65, Part Ⅱ: 1954—65," *International Affairs*, Vol. 48, No. 4, October 1972.

Westmoreland, General William C., "Progress Report on the War in Vietnam," *Department of State Bulletin*, Vol. LⅧ, No. 1485, December 11, 1967.

时殷弘:《与复杂局势相违的简单化政策——论冷战时期美国在东亚的安全政策》,《美国研究》1997 年第 2 期。

英文文件

Barrett, David M., ed., *Lyndon B. Johnson's Vietnam Papers: A Documentary Collection*, College Station, Tex.: Texas A & M University Press, 1997.

Beschloss, Michael R., ed., *Taking Charge: The Johnson White House Tapes, 1963—1964*, New York: Simon & Schuster, 1997.

——*Reaching for Glory: Lyndon Johnson's Secret White House Tapes, 1964—1965*, New York: Simon & Schuster, 2001.

Department and Agencies: National Security Council File.

Foreign Relations of the United States (FRUS), 1961—1968, Vols. 1—34, Washington, D.C.: Government Printing Office, 1991—2005.

John F. Kennedy Library, Boston, Mass.

Kennedy, John F., *A Compilation of Statements and Speeches Made During His Service in the United States Senate and the House of Representatives*, Washington D.C.: Government Printing Office, 1964.

Meetings and Memoranda.

National Security File.

Public Papers of the President: Lyndon B. Johnson, Washington D.C.: Government Printing Office, 1964—1969.

Public Papers of the Presidents of the United States: John F. Kennedy, 1961, Washington D. C.: Government Printing Office, 1962.

Regional Security Series: Southeast Asia.

Rostow, Walt W. , Oral History, John F. Kennedy Library, Boston, Massachusetts.

——Oral History, Lyndon Baines Johnson Library, Austin, Texas.

The Pentagon Papers: The Defense Department History of United States Decision-making on Vietnam, Gravel Edition, Boston: Beacon Press, 1971.

United States-Vietnam Relations, 1945—1967, 12 Vols. , Washington, D. C.: Government Printing Office, 1971.

US Department of State, *Department of State Bulletin, 1961—1964*, Washington D. C. : Government Printing Office, 1961—1964.

后　记

　　古话说"十年磨一剑",本书的写作用时虽然没有这么长,但也经历了七年艰辛的过程。七年弹指一挥间。记得从2005年答应写这本关于罗斯托的书后,拾笔、搁笔,反反复复,不知有多少次。个中原因也许难以一一理清,但儿子从初中生升为高中生,到现在成为美国大学二年级的学生,足以让为人母的我感叹时间流逝的同时,也为自己的付出感到骄傲。出国、装修、搬家、生病……工作之余好像总有做不完的事。

　　在此我要由衷地感谢我的同事加同学石斌教授。如果没有他的倡议,就不会有这套丛书的诞生,当然也就不会有本书的诞生;如果不是他的坚持,这套丛书也许会胎死腹中;如果不是他的督促与宽容,我或许还会找出种种借口。

　　写作期间,我有幸能利用在美任教长达两年的机会,走访了一些学校,并得到了肯尼迪图书馆、密歇根大学等著名大学图书馆的帮助。我还得到了南京大学–约翰斯·霍普金斯大学中美文化研究中心图书馆工作人员的大量帮助。他们为我搜集资料提供了诸多便利。为此,我表示由衷的感谢!

也感谢北京大学出版社及其编辑的辛苦工作!

最后,我还要感谢家人对我的支持与鼓励。忘不了我先生在看到我因每日使用电脑太多而患眼疾时给我的安慰;忘不了他主动早起开车载我的身影;更忘不了因旧电脑频繁死机他为我抱回那台超酷的电脑的情形。还有我儿子,远在美国还时常关心我的写作,为我搜索材料、提供网上查阅图书的渠道。

对所有支持和帮助我的人,唯有认真写作,方可报答。

杨冬燕

2012 年 12 月于南京